gewidmet

meinem großen Vorbild und verehrten
Lehrer

Hirokazu Kanazawa

(1931 – 2019)

KARATE – DO

Budokunst und Zen-Weg

Impressum

Bibliografische Information der Deutschen Nationalbibliothek:

Die Deutsche Nationalbibliothek verzeichnet diese Publikation in der Deutschen Nationalbibliografie; detaillierte bibliografische Daten sind im Internet über http://dnb.dnb.de abrufbar.

© 2020 Wolfgang Brockers

Herstellung und Verlag: BoD – Books on Demand, Norderstedt

ISBN: 9783752894868

Vorwort

Karate ist inzwischen eine weltweit verbreitete Kampfkunst und Sportart, die auf eine uralte chinesische Tradition zurückgeht. Erst im 20. Jahrhundert wurde sie in Japan von Funakoshi Gichin, dem Vater des modernen Karate, in Japan vorgestellt, und erhielt bald darauf auch äußerlich ein japanisches Erscheinungsbild. Durch die kulturprägenden Kräfte der östlichen Welt, durch den Taoismus, Zen-Buddhismus, Shintoismus und Konfuzianismus wurde diese Kampfkunst in ihrer Entwicklung hinsichtlich Praxis, Geist und Ethos maßgeblich beeinflusst, so dass ihr Anspruch weit über die körperliche Dimension hinausreicht.

In den 1960er Jahren wurde Karate erstmals in Deutschland bekannt und zunächst – als scheinbar gewalttätiges Tun - vielfach mit Misstrauen und Skepsis betrachtet. Inzwischen hat sich Karate aber einen festen Platz in der deutschen Sportszene erobert und wird als Breiten-, Leistungs- und Spitzensport und sogar als Gesundheitssport betrieben. Durch die Integration von Karate in die westliche Sportkultur, die u.a. durch Wettkampf bzw. Konkurrenz und Erfolgsstreben gekennzeichnet ist, wird das ostasiatische geistig-kulturelle Erbe von Karate, das als Kampfkunst mit einem ganzheitlichen Anspruch der Persönlichkeitsbildung mit hohen moralischen Ansprüchen verbunden ist, allmählich überlagert und verdrängt. Insbesondere jungen Karateka, die diese Kampfkunst nur als Sport in einem Verein betreiben, bleibt das ursprüngliche Anliegen der Budokunst Karate mit ihren vielfältigen Facetten der körperlich-geistigen Bildung bis hin zu religiös-spirituellen Erfahrungen womöglich vollends verborgen. Diese Gefahr besteht dann besonders, wenn sich der Trainer ausschließlich auf die körperlich-technische Ausbildung konzentriert.

Jedoch zeigt sich schon seit vielen Jahren wieder ein verstärktes Interesse – zumeist getragen von erfahrenen, älteren Karateka – an den traditionellen Werten von Karate als Budokunst. Inzwischen gibt es auch schon eine Vielzahl von Publikationen über geistige Hintergründe und den besonderen erzieherischen Ansatz von Karate, wodurch diese Kampfkunst ihren besonderen Charakter als Budokunst aus dem Geist des Zen erhält. Dies selber zu erfahren und zu erkunden, bedarf allerdings einer langjährigen Trainingserfahrung und eines sachkundigen Lehrers oder einer intensiven Auseinandersetzung mit Fachliteratur über den geistig-kulturellen Hintergrund der Kampfkunst Karate-Do. In der Ergänzung „Do" (tao) spiegelt sich der Anspruch, als eine Kampfkunst in der besonderen Budo-Tradition und als Zen-Weg zu gelten. Ohne dies wäre Karate nur eine spezielle Kampfform neben vielen anderen.

Die vorliegende Arbeit versucht nun, einen Zugang zum besonderen Charakter des Karate-Do als Budokunst und Zen-Weg ohne langwieriges Studium spezieller Fachliteratur zu eröffnen. Dazu bietet sie im ersten Teil eine kompakte Darstellung der Tradition und der darin verwobenen geistigen und sozio-kulturellen Elemente. Diese sollen möglichst den ganzheitlichen Anspruch des Karate-Do bis hin zu den religiös-spirituellen Aspekten verständlich machen. Im zweiten Teil findet sich eine Sammlung aussagestarker Zitate und Weisheiten von Meistern der Budo- und Zen-Tradition, die in knapper Form wesentliche Aspekte schlaglichtartig deutlich machen können. Diese sind durchaus als Gegenstand einer kurzen Meditation vor dem Training oder für eine

Reflexion außerhalb des Dojos geeignet. Dabei empfiehlt es sich allerdings, sich immer nur mit einem Zitat zu befassen und sie nicht alle einfach nacheinander zu lesen. Dann lässt sich eher der häufig tiefsinnige Gehalt erschließen.

Ich hoffe, dass die Lektüre dieses kleinen Bändchens dazu beitragen kann, ein besseres und tieferes Verständnis für die Kunst des Karate-Do zu gewinnen.

Dem heutigen Zeitgenossen werden manche Zitate und Aussagen etwas antiquiert, zu idealistisch und für die heutige Welt irrelevant erscheinen. Zudem darf man in ihnen keine allzeit gültigen, unumstößliche Wahrheiten sehen. Vielmehr sind sie als Hinweise auf den speziellen Geist der Budokünste zu verstehen. Die zu Wort kommenden Meister machen damit besonders deutlich, dass der Anspruch ihrer Kunst weit über die körperliche Ebene hinausgeht. Schließlich zeugen viele Zitate von einer tiefen Einsicht in das Wesen des Menschseins und einer ausgeprägten humanistischen Herzensbildung. Dadurch bieten die Zitate und Weisheiten einen Ansatz, die sozio-kulturellen Wurzeln der Kampfkunst Karate-Do besser zu verstehen, die darin gemachten Thesen zu reflektieren und dadurch zu einer eigenen diesbezüglichen Position im Kontext der Budo-Tradition zu finden.

Die Zitate entstammen durchweg der gängigen Budo- und Zen-Literatur und werden in der Regel mit dem Urheber genannt. Bei einigen Zitaten konnte ich diese jedoch nicht feststellen. Da ich sie aber für bemerkenswert befand, habe ich sie dennoch aufgeführt, ohne einen Urheber zu nennen. Im Sinne des Anliegens dieser Arbeit hoffe ich, beim geneigten Leser dafür Verständnis zu finden.

Ich danke meiner Frau Monika und meinem Sportkameraden Manfred Schmitz für Ihre Hilfe beim mühsamen Korrekturlesen. Für das Layout und das Hochladen des Textes war mir erneut mein Bandkamerad Carsten Hendricks eine große Hilfe, wofür ich ihm sehr dankbar bin.

Mönchengladbach im Jahr der Ratte 2020

Wolfgang Brockers, 5. Dan i.R.

Inhaltsverzeichnis

ERSTER TEIL

Karate-Do - Budokunst und Zen-Weg

1. Eine japanische Kampfkunst mit chinesischen Wurzeln

Karate-Do ist noch eine relativ junge Kampfkunst und keine ursprünglich japanische Schöpfung. Die ihr zugrunde liegenden Kampftechniken gehen vielmehr auf eine jahrtausendealte Tradition mit chinesischen Wurzeln zurück.

Nach unserem derzeitigen Wissensstand liegen die Ursprünge in der taoistischen Gymnastik, die sich im frühen China in Anlehnung an die chinesische Heilgymnastik zur Vitalisierung der inneren Lebenskraft entwickelte (Qigong). Daraus entstanden zwei Linien: eine mit therapeutischen und eine mit kämpferischen Übungen (gongfu oder kungfu). Der chinesische Arzt Hua Tuo entwickelte im 2. Jahrhundert n. Chr. ein Gymnastiksystem auf der Basis von Tierbewegungen und schuf damit die Grundlage für spätere Kampfübungen und –Stile. Als weitere Wurzel ist der waffenlose Ringkampf, der in China seit dem 12. Jahrhundert v. Chr. praktiziert wurde, anzusehen. Dieses Kampfsystem spaltete sich bald in eine Ringkampf- und in eine Faustkampflinie. Der Faustkampf (ch'uan) fand bald Anwendung beim Militär und wurde zu einem System mit Faust- Fuß- und Kniestößen weiterentwickelt. Um die Zeitwende verbanden sich die Elemente tao-istischer Heilgymnastik mit solchen des militärischen Kampfsystems. Dieses neue System nannte sich „Dianxue" und umfasste harte und weiche Schläge auf die Vitalpunkte des Körpers. Im 6. Jahrhundert wurde das Shaolin-Kloster (zwischen Shanghai und Xian gelegen) zu einem Zentrum der chinesischen Kampfkunst, wo auch erstmals ein Truppe kämpfender Mönche ausgebildet wurde, die maßgeblichen Anteil an einem Sieg des damaligen Kaisers bei einer Schlacht gehabt haben sollen. Darauf erhielt das Kloster zahlreiche kaiserliche Privilegien. Entgegen vieler anderslautender Ausführungen dürfte jedoch der Einfluss von Bodhidharma, dem Urahn des Zen-Buddhismus, auf die Entwicklung der chinesischen Kampfkunst bei seinem Aufenthalt dort im 6. Jahrhundert nur gering gewesen sein. Zu seiner Zeit war das Shaolin-Kempo in erster Linie immer noch eine Form der allgemeinen Körperertüchtigung für die Meditationspraxis. Hauptübungsgut waren die Kata (Dao), die stetig wiederholt wurden, um Zugang zur vitalen Lebensenergie zu bekommen. Allerdings ist ein wesentlicher Einfluss Bodhidharmas auf die Meditationspraxis und ethische Ausrichtung des Klosters sehr wahrscheinlich. Die von ihm angestrebte Erleuchtungserfahrung vermittelt solche Haltungen wie Bescheidenheit, Überwindung des Egos, Respekt allem Leben gegenüber oder ein hohes Maß an Selbstdisziplin. Dadurch könnte er schon früh zu einer Verbindung von kämpferischen und moralisch-spirituellen Elementen zu einer ganzheitlich ausgerichteten Kunst beigetragen haben. Ihm wurde auch die Urheberschaft der moralischen Schrift „wu-de" zugeschrieben und der Moralkodex „Dojokun" soll auf ihn zurückgehen. Jedoch gibt es dafür keinen konkreten Nachweis. Erst zwischen 1200 und 1400 nahmen die kämpferischen Elemente mit der Ausrichtung auf einen Kampf auf Leben und Tod zu, als man sich auf die Kampfkunst besann, um sich gegen die mongolischen Eroberer verteidigen zu können. Auf der Grundlage des Shaolin-Kempos entwickelte der Mönch Jue Yuan ein erweitertes, wirksames Kampfsystem: Quanshu. Dieses System wurde durch wandernde Mönche in ganz China verbreitet, wobei es durch unterschiedliche Interpretationen und regionalen Einflüssen zu Veränderungen kam, Daraus erklärt sich die Entstehung vieler verschiedener Stile . Die Vielzahl dieser Stile lässt sich aber zu zwei Hauptgruppen zusammenfassen: der lange und harte Stil des Nordens und der kurze, weiche Stil des Südens.

Als eigentliche Geburtsstätte des Karate ist die südlich von Japan gelegene Insel Okinawa anzusehen. Bis Anfang des 17. Jahrhunderts war Okinawa ein souveränes Königreich mit vielen weitreichenden Handelskontakten bis nach Afrika und Europa. Mit China war man durch einen besonders intensiven kulturellen und diplomatischen Austausch verbunden. Über diese Kontakte kamen auch viele Impulse unterschiedlicher Stile aus der chinesischen

Kampfkunst nach Okinawa. Die chinesische Kampfkunst verband sich bald mit alten eigenständigen Kampftechniken aus der Tradition Okinawas zu einer sehr effektiven Kampfkunst. Nachdem die Japaner 1609 Okinawa und die Ryukyu-Inseln eroberten, verboten sie der dortigen Bevölkerung aus Angst vor Aufständen das Tragen von Waffen. Um sich vor Übergriffen der japanischen Besatzer und gegen umherziehende Räuberbanden wehren zu können, versuchte die Bevölkerung, sich mit waffenlosen Kampfkünsten und mit aus bäuerlichen Geräten gefertigten Waffen zu wehren. Diesen Prozess kann man als Geburtsstunde des Karate verstehen, auch wenn die Kampfkunst sich damals Okinawa-te nannte. In den Städten Tomari, Shuri und Naha entstanden drei Kampfkunstzentren, wo die Kampftechniken, die auf den Überlebenskampf und das Töten von Gegnern ausgerichtet waren, im Geheimen geübt wurden. Im Verlauf der nächsten zwei Jahrhunderte nahmen die Feindseligkeiten zwischen den Japanern und einheimischer Bevölkerung allmählich ab, was auch damit zu tun hatte, dass viele Japaner Frauen aus Okinawa geheiratet hatten. Spätestens nach dem Ende des Tokugawa-Shogunats, als alle Fürsten ihre Lehen an den Kaiser zurückgeben mussten und auch Okinawa als normale japanische Provinz geführt wurde, endete die Unterdrückung der Bevölkerung Okinawas. Dadurch wurde die Geheimhaltung der Kampfkunst überflüssig. Sie konnte nun öffentlich trainiert und vorgeführt werden, jedoch übten die einzelnen „Schulen" nun aus Rivalitätsgründen noch lange im Geheimen. Nach einem Besuch einer Kommission des Erziehungsministeriums, wobei man dieser einen Einblick in die Kampfkunst Okinawas gewährte, wurde 1905 Karate erstmals als Schulsport eingeführt, wozu Meister Anko Itosu vereinfachte Übungskatas entwickelt hatte.

Anfang der 1920er Jahre wurde die Kampfkunst von Meister Funakoshi Gichin offiziell in Japan vorgestellt und zunächst in Universitätsclubs eingeführt. Um jedoch in Japan als Kampfkunst Anerkennung zu finden, verlangte die halbstaatliche Organisation Butokukai von Funakoshi, seine damals „to-de" bezeichnete und geschriebene Kampfkunst, was man auch „China-Hand" lesen konnte, in eine japanische Form zu wandeln. Außerdem sollte er solche Auflagen wie die Einführung eines Gürtelrangsystems, einer

Prüfungsordnung und eines Wettkampfwesens akzeptieren. Da in jener Zeit ein schlimmer, gegen China gerichteter Nationalismus in Japan herrschte, verlangte man vor allem, dass Name und Schreibweise geändert wurden. Funakoshi akzeptierte diese Bedingungen und änderte die Schreibweise seiner Kampfkunst so, dass sie nun „kara-te" gelesen wurde. Das neue Schriftzeichen für „kara" bedeutet „leer". Da Funakoshi seine Kampfkunst als Weg des Zen mit erzieherischen Zielen verstanden wissen wollte, wählte er diesen zentralen Begriff des Zen-Buddhismus. Um dies noch mehr ins Bewusstsein zu heben, bezeichnete er seine Kampfkunst schließlich „Karate-Do", wobei die Bezeichnung „Do" sie explizit als eine Kunst aus dem Geist des Zen kennzeichnete. Wie Funakoshi erging es auch anderen Meistern aus Okinawa, die in der Folge ebenfalls ihre Kampfkunst aus Okinawa nach Japan brachten, und diese Auflagen akzeptieren mussten. Auf diese Weise erhielt die Kampfkunst Okinawas in ihrem Erscheinungsbild ein japanisches Gewand. Die vier Hauptstile des Karate Shotokan-Ryu (der Stil Funakoshis), Shito Ryu, Wado Ryu und Goju Ryu fanden so offizielle Anerkennung.

Funakoshis sehr traditionelle Lehrweise mit hohen moralischen Ansprüchen stieß jedoch bei seinen japanischen Schülern zunehmend auf Kritik und Widerstand, da diese mehr Partner- und Kampfübungen sowie Wettkämpfe forderten. Um seine guten Meisterschüler nicht zu verlieren, machte Funakoshi immer mehr Zugeständnisse, so dass er die Entwicklung solcher Formen nach und nach erlaubte. Wettkämpfe lehnte er mit Blick auf die Werte des Zen jedoch grundsätzlich ab.

Nach dem 2. Weltkrieg taten sich einige seiner Schüler zusammen (Nakayama, Nishiyama, Obata) und gründeten die Japan-Karate-Association (JKA), um mit einem veränderten Stilkonzept Karate als Wettkampfsport zu entwickeln und weltweit zu verbreiten. Funakoshi lehnte eine Mitarbeit dabei konsequent ab und ließ sein Karate von anderen Meisterschülern unter der Bezeichnung „Shotokai" weiterführen. Die JKA führte zunächst einen mehrjährigen, harten und professionellen Instruktorenkurs durch und veranstaltete 1957 die erste alljapanische Meisterschaft. Diese und auch die folgenden Meisterschaften wurden sämtlich von JKA-Athleten wie Kanazawa, Enoeda oder Shirai gewonnen, die dann als Botschafter zur Verbreitung des JKA-Karates in die Welt entsandt wurden. Dadurch erklärt sich die heutige weltweite Dominanz des Shotokan-Karate gegenüber anderen Stilen, die diesen Schritt erst später vollzogen

2. Der Wandel von Karate zur Budo-Kunst

In Japan und China waren und sind Kunst und Kunstfertigkeit nie nur eine Frage des technisch-handwerklichen Könnens. Vielmehr soll dabei auch die körperlich-geistig-seelische Ganzheit des Menschen zum Ausdruck gebracht werden. Das hat maßgeblich mit dem geistigen Fundament der östlichen Kulturen zu tun, wovon der Zen-Buddhismus und der mit ihm verwobene chinesische Taoismus als die wirkmächtigsten anzusehen sind. In keinem anderen Land hat der Zen-Buddhismus eine so nachhaltige Wirkung entfaltet wie in Japan. Das betrifft nicht nur Religion und Spiritualität. Vielmehr wurde die gesamte Kunst und Alltagskultur Japans bis hin zur nationalen Identität maßgeblich durch Zen geprägt. Außerdem sehen sich die Japaner bis heute in der Tradition ihrer ritterlichen Samurai-Kultur und des damit verbundenen Wertesystems.

Nachdem im Jahr 1185 das Kamakura-Shogunat die kaiserliche Herrschaft beendet hatte, wurde die Kriegerkaste der Samurai oder ‚bushi' die bestimmende Gesellschaftsschicht in Japan. Mit ihrer kriegerischen Tapferkeit, ihrer bedingungslosen Treue zu ihrem Herrn sowie ihrem ausgeprägten Pflichtbewusstsein und Ehrgefühl, wofür sie notfalls bereit waren zu sterben, stützte sie die Herrschaft der Shogune. Als 1274 die Mongolen unter Kublai Khan Japan erobern wollten, zeigte sich jedoch bei der Verteidigung Japans, dass die Kampfkraft der Samurai nicht ausreichte, und sie benötigten auch die Hilfe des göttlichen Sturms (Kamikaze), um die mongolische Invasion abzuwehren. Danach hatte der damalige Regent die Krieger nach den Prinzipien des Zen-Buddhismus, der kurz zuvor durch den Mönch Eisai in Japan eingeführt worden war, ausbilden lassen. Die asketische Disziplin und die meditative Zen-Schulung führten bei den Samurai zu einer großen psychologischen und physischen Stärkung, wodurch sie die Todesfurcht überwinden konnten. Bei der zweiten mongolischen Invasion 1281 waren die Samurai vorbereitet und wehrten den Ansturm der zahlenmäßig überlegenen Mongolen sieben Wochen lang ab, wobei die mongolischen Landungstrupps vollständig vernichtet wurden. Durch dieses Ereignis wurde offenkundig, dass die kriegerische Tüchtigkeit der Samurai und damit die militärische Kraft Japans von der Verbindung mit dem Zen-Buddhismus enorm profitiert hatten. Der regierende Shogun Tokimune förderte darauf weiter den Zen-Buddhismus; er wählte Zen-Mönche zu Beratern und ließ neue Klöster in Kamakura errichten.

Vordergründig mag es erstaunlich sein, dass das eigentlich pazifistische Zen und die Kriegskunst eine so enge Bindung eingingen. Doch die Samurai, die zumeist weder lesen noch schreiben konnten, fanden Gefallen am neuen Glauben, da dieser unverblümt den Nutzen von Bücherstudium und intellektuellem Verstehen bestritt. Vielmehr ist Zen eher eine Sache der Intuition und des konkreten Handelns im Hier und Jetzt, während Reflexionismus als hinderlich angesehen wird. Das entsprach dem Kampfstil der Samurai. Außerdem passten die einfache und direkte Zen-Schulung sowie die dazugehörende strenge körperliche Zucht sehr gut zur japanischen Kriegerkaste mit ihrer Neigung zu spartanischem Leben und strenger Disziplin. Außerdem bot Zen den Samurai einen Ansatz, eine Lösung für den stets präsenten Todesgedanken zu finden, der sie über die Grenzen des endlichen Lebens hinausblicken ließ.

Das Schwert war nicht nur die wichtigste Waffe der japanischen Kriegerkaste, sondern wurde zum Symbol der Samurai schlechthin. Die Schwertkunst, die virtuose Beherrschung dieser Waffe, wurde zwangsläufig zu einem zentralen Anliegen ihrer Ausbildung. Es entstanden viele, oft miteinander rivalisierende Schwertkampfschulen. Doch erwies es sich, dass selbst die intensivste Ausbildung nicht zu wahrer Meisterschaft führen konnte, solange sie nur den technischen Aspekt im Blick hatte. Im ernsten Kampf konnte jedes Zögern, jede Ablenkung den Tod bedeuten. Daher brauchte der Samurai eine besondere Geisteshaltung, die es ihm ermöglichte, einerseits sein individuelles Ego als bedeutungslos zu erachten und andererseits auf jede Situation mit offenem Geist sofort, ohne zeitlichen Verzug reagieren zu können. Ein solcher Geist, den Fragen von Leben und Tod nicht mehr berühren, vermittelt die über Zen-Schulung erreichbare Haltung des Nicht-Geistes (Mushin). Dieser Zen-Begriff wurde die Grundlage aller späteren künstlerischen Schulung in Japan. So unterwarfen sich bald immer mehr Samurai neben der Technikausbildung auch der strengen spirituellen Zen-Schulung, um wahre Schwert-Meisterschaft zu erlangen. Die Meister der Kampfkünste, die häufig wie Priester „osho" genannt wurden, bezogen immer mehr Aspekte des Zen in ihre Schulung ein. Die Halle, in der die Zen-Meditation aber auch die Schwertkunst geübt wurden, trug ursprünglich die Bezeichnung „dojo", womit ursprünglich der Ort der ‚Erleuchtung' bezeichnet wurde. Der große Zenmeister Takuan belehrte seinen Freund, den Schwertmeister Yagyu, dass in den Kampfkünsten die Technik (Waza) nur eine Hälfte des Weges zur Meisterschaft ausmacht, während die andere Hälfte die rechte Geisteshaltung (Mushin) ausmacht. Die vollendete Meisterschaft bedurfte laut Takuan also der Vervollkommnung des Geistes und der Technik. Die Schriften Meister Takuans hatten maßgeblichen

Einfluss auf die spätere Entwicklung der Schwertkunst, indem die bloße Technik zunehmend mit der meditativen Grundhaltung des Zen verbunden wurde. An der von Takuan aufgezeigten Einheit von Schwert und Zen sollten sich in der Folgezeit auch die Schriften anderer Meister orientieren.

Der Sieg Ieyasus in der Schlacht von Sekigahara im Jahr 1600 begründete das neue Tokugawa-Shogunat und beendete eine fast 150-jährige Periode des Bürgerkriegs in Japan. Mit der Stabilisierung der neuen Herrschaft setzte eine 250-jährige Friedensperiode ein, die für zunehmenden Wohlstand sorgte. Kaufleute und Händler gewannen an Ansehen und Städte wuchsen. Das veränderte zwangsläufig das gesellschaftliche Gefüge, und die Samurai mit ihrem spartanisch-asketischen Lebensideal erlebten eine Sinnkrise, da sie nichts mehr zu tun hatten. Doch das Shogunat brauchte nun tüchtige Verwalter und propagierte unter dem Einfluss des Konfuzianismus das neue Ideal vom kompletten Menschen, der sowohl Krieger als auch Gelehrter ist. So wurden in der Folgezeit aus den ehemals todesverachtenden Samurai zunehmend treue und pflichtbewusste Verwaltungsbeamte, auch wenn sie in der Öffentlichkeit immer noch ihre Schwerter trugen. Durch diese geänderten gesellschaftlichen Rahmenbedingungen wandelten sich zwangsläufig auch die Ausrichtung der Schwertkunst und der Symbolwert des Schwertes. Das Schwert wurde vom Tötungswerkzeug zum Schwert des Friedens und Lebens, aber auch zum spirituellen Schulungsmittel, so dass der damals berühmte Schwertmeister Hori Kintayu schon bald meinte: *„Der vollkommene Schwertfechter meidet Streit und Kampf. Wie kann ein Mensch sich nur überwinden, einen anderen zu töten. Wie verabscheuungswürdig, wenn man nichts anderes im Sinn hat als zu kämpfen und siegreich zu sein (Suzuki 1994, S.324).“* Damit deutete er auch schon auf ein gewandeltes, neues Ideal der Schwertkunst hin. Von den zahlreichen Schwertkampfschulen Japans in jener Zeit gewann die Schule des Meisters Sekuin höchstes Ansehen. Er hatte sich intensiv mit dem Zen-Buddhismus befasst und auch ‚Satori‘ (Erleuchtung) erlangt. Seine Schwertkunst war unvergleichlich. In 52 Duellen auf Leben und Tod blieb er unbesiegt, und seit seinem ‚Satori‘ galt er als

Heiliger. Seine Kunst wurde als „Schwert des Nichtverweilens" bezeichnet; sie führte die Schwertkunst zu höchster Vollendung und machte sie zu einer Sache persönlicher Spiritualität. Das hohe Ansehen seiner Kunst führte bald dazu, dass immer mehr Schwertmeister seiner Ausrichtung folgten. Auf diese Weise entwickelte sich die Schwertkunst (Kenjutsu) zum ‚Kendo', als Zen-Weg mit einem neuen moralischen und spirituellen Ideal. Der Stand der ehemals kriegerischen Samurai entwickelte sich darauf zur neuen moralischen Instanz der japanischen Gesellschaft, die durch die Meisterung der Zen- oder Weg-(Do)-kunst zu geachteten und bewunderten Vorbildern wurden. Ihr Vorbildcharakter für die Bevölkerung zeigte sich in vielen Theaterstücken, deren Geschichten sich um ewige Treue und Loyalität bis hin zum Opfer des eigenen Lebens drehten. Diese Geschichten machten den Samurai ihre besondere Stellung in der Gesellschaft immer wieder bewusst und waren für sie Ansporn, sich den hohen Erwartungen auch würdig zu erweisen.

Damals wandelten sich dann auch andere Kriegstechniken (bujutsu), wie z.B. die Kunst des Bogenschießens (vom Kyujutsu zum Kyudo), zu einer friedfertigen Budo-Kunst der Persönlichkeitsbildung. Die Endung „do" weist die Künste als Zen-Wege oder Wege des ‚Tao' aus. Sie deutet darauf hin, dass ihr eigentliches Ziel jenseits der praktischen Nutzanwendung in der Entwicklung einer ganzheitlichen Persönlichkeit liegt. Ebenso wie die Kriegskünste durchdrang der Zen-Buddhismus auch die friedlichen Künste wie etwa die Dichtkunst, die Malerei oder die Theaterkunst. Bis heute ist in Japan alle künstlerische Schulung auf das Empfinden angelegt, das sich aus dem Nicht-Bewusstsein (Mushin oder Muga) speist. Dadurch entstand eine ganz spezielle Ästhetik der Zen-Kunst, die sich u.a. durch Schlichtheit, Direktheit, Kühnheit, Rückhaltlosigkeit, Selbstvergessenheit und freiem Spiel des Geistes auszeichnet.

Diese Veränderung im Selbstverständnis und Ehrenkodex der Samurai fand auf den Ryukyu-Inseln Okinawas erst mit einiger Verzögerung statt, da dort die Feindseligkeiten und militärischen Konflikte zwischen japanischen Eroberern und einheimischer Bevölkerung mit Beginn der Tokugawa-Periode erst begannen. Erst nach mehreren Generationen, in denen sich die japanischen Herren allmählich mit der einheimischen Bevölkerung vermischten und der Zen-Buddhismus auch auf Okinawa das Denken und Empfinden in friedfertige und humanere Bahnen lenkte, bekannte sich die dortige Klasse der Samurai auch allmählich zum Budo-Ideal. Das ging zunächst von den gebildeteren der Samurai aus, die mit dem Geist des Zen-Buddhismus vertraut waren. Die mit dem Budo-Ideal verbundene neue Interpretation der Kriegskünste wurde bald auch auf die geheimen waffenlosen Kampfkünste Okinawas übertragen. Auch dabei waren es natürlich die gebildeteren der Kampfkunstmeister Okinawas, die ihre Kunst als Budo-Kunst interpretierten. Sie stellten fortan ihre Kunst in den Dienst des neuen Bildungsideals, wie dies im japanischen Mutterland mit anderen Künsten schon geschehen war. Um 1850 vollzog sich dieser Wandel der Kampfkünste auf Okinawa, allerdings in unterschiedlicher Ausprägung und Schnelligkeit, je nach Ausrichtung der jeweiligen Schule und ihrer Meister. Es ist unbestritten das große Verdienst von Funakoshi Gichin, dem Vater des modernen Karate, diese Entwicklung besonders gefördert zu haben. Er entstammte einer Samurai-Familie unterer

Klasse, war hochgebildet, Kenner des Zen-Buddhismus und bewandert in vielen Künsten der Zen-Kultur. Als er die Kampfkunst Okinawas nach Japan brachte, gab er ihr den Namen „Karate-Do". Durch den Begriffsteil ‚kara' (Leere des Geistes - Mushin) und auch mit der Endung ‚Do' sollte sie als Weg des Zen zu erkennen und zu verstehen sein. Zeit seines Lebens stellte Funakoshi hohe moralische Ansprüche an seine Kunst und seine Schüler, die er sehr sorgfältig auswählte, wodurch er und seine Shotokan-Schule hohes Ansehen gewannen. Bis zu seinem Tod wehrte er sich gegen eine Sinnentleerung des Karate-Do durch seine Umwandlung in einen Wettkampfsport, die sein ehemaliger Schüler Nakayama mit der JKA in Gang setzte. Verhindern konnte er diese Entwicklung jedoch nicht. Die JKA verzichtete dann u.a. auf die moralisch-spirituellen Aspekte von Funakoshis Karate-Do und ihre Instruktoren nannten ihre Kunst folgerichtig auch nur noch ‚Karate'. Das JKA-Karate verbreitete sich nicht aufgrund seiner besonderen ethischen Ausrichtung sehr schnell, sondern durch den Ruhm und die athletisch-technische Überlegenheit ihrer jungen Meisterklasse.

Japan erlebte in seiner jüngsten Geschichte eine Vielzahl politischer und gesellschaftlicher Umbrüche. So hatten die Meiji-Reform mit dem Ende der Samurai, die Industrialisierung nach westlich-kapitalistischem Vorbild, der extreme Nationalismus mit Niederlage und Zerstörungen im 2. Weltkrieg oder die Einführung der Demokratie in der Summe das Weltbild und das Selbstverständnis vieler Japaner erschüttert. Auf der Suche nach einem Kulturgut, das ihre nationale Identität bewahren könnte, besann man sich auf das Erbe der Samurai und deren Ehrenkodex. Darin glaubte man das wesentliche Kennzeichen ihrer Kulturtradition zu erkennen, so dass sich die japanische Nation verstärkt in der Tradition und Nachfolge der früheren Kriegerkaste sah. Diese Traditionslinie der Samurai-Kultur erhielt die Bezeichnung „Bushido" (Weg des Kriegers) und wurde fortan als wichtigster Bestandteil der nationalen Identität ausgemacht. Der Begriff „Bushido" ist jedoch eine recht junge Schöpfung; die mittelalterlichen Samurai kannten diesen noch nicht. Er geht maßgeblich auf das gleichnamige Buch von Inazo Nitobe zurück. Ende des 19. Jahrhunderts idealisierte und glorifizierte er darin unkritisch die früheren Samurai wegen ihrer vorbildlichen Tugenden. Deshalb identifizierte er damals „Bushido" als Seele und moralischen Kompass Japans.

Wie Karate-Do sind die heutigen Budo-Sportarten wie Judo oder Aikido recht junge Entwicklungen des 20. Jahrhunderts. Als sie sich in Japan etablierten, war dort die Entwicklung der Kriegskünste (bujutsu) zu Budo-Künsten schon lange abgeschlossen. Durch diesen Sachverhalt fanden sie ein gesellschaftlich und geistig-künstlerisch günstiges Klima vor, das ihre Anerkennung und Integration als Budo-Künste in der japanischen Alltagskultur erleichterte. Dazu fügten sie sich als Kampfkünste sehr gut in das neue Selbstverständnis Japans als Land der „Bushido-Kultur" ein.

Die Ausbildung aller Budo-Künste erfolgt über die drei Komponenten ‚Waza' (Technik), ‚Shin' (Geist) und ‚Ki' (vitale Energie). Als Zen-Künste streben sie außerdem über die disziplinierte unentwegte Übung einen Geisteszustand an, der alle Dualität des Seins übersteigt, der in einem offenen, leeren Geist die Welt ohne Begrifflichkeit spiegelt und der sein Selbst als Einheit in der Aktion bzw. Technik verschmelzen lässt. Das bedeutet, dass auch die hingebungsvollste Praxis der physischen Aspekte allein nicht genügt, aus einer Budo-Kampfsportart eine wirkliche Budo-Kunst zu machen. Dazu bedarf es auch eines geistig-spirituellen Reifungsprozesses, der in der Regel aber ohne Lehrer nicht gelingen kann.

Im 20. Jahrhundert wurden die Budo-Sportarten vor allem als Wettkampfsportarten in einer zunehmend globalisierten, westlich geprägten Sportkultur populär. Das Streben nach Erfolg und Ruhm sowie die Befriedigung individueller Eitelkeit konterkarierten und gefährdeten dabei jedoch die ursprünglich hohe ethisch-spirituelle Zielsetzung der Budokünste. Die Entwicklung von Karate-Do als Breitensport und die damit einhergehende Demokratisierung lassen sich eben nicht mit der Wahrung einer elitären Ehren- und Moralvorstellung vereinbaren. Die geradezu inflationäre Entstehung neuer Karatestile, die besonders in letzter Zeit von hohen Meistergraden etabliert wurden, muss man als weiteres Indiz dafür ansehen. Auch bei diesen hohen „Meistergraden" sind offenkundig persönliche Interessen und Geltungsstreben wichtiger geworden, als sich primär dem

Ethos einer Budo-Kunst zu verpflichten. Dieser Eindruck erhärtet sich dadurch, dass diese angeblich neuen Stile in der großen Mehrheit überhaupt kein grundlegend neues Konzept erkennen lassen. Wenn es wirklich um persönlichen Fortschritt in der Budokunst Karate-Do ginge, fände man in den etablierten vier Stilrichtungen mehr als genug Herausforderungen und Anregungen. Die zunehmende Versportlichung und der allmähliche Verlust ethischer Werte waren nicht nur beim Karate-Do, sondern auch bei anderen wettkampforientierten Budo-Kampfsportarten zu beobachten. Dies geschah nicht nur in den westlich-kapitalistischen Ländern, in denen die Entfaltung des Individuums größte Wertschätzung genießt, sondern auch im Mutterland Japan selbst. Auch dort folgte die junge Generation leidenschaftlich dem westlichen Lebensstil und fand im Wettkampfsport ein überaus reizvolles Betätigungsfeld. Budo schien seine Bedeutung als Erziehungsmittel zur nationalen Identität zu verlieren. Die der Tradition verpflichteten Budo-Meister mussten darin eine große Gefahr für das nationale Kulturgut ‚Budo' sehen. Wie sollten die hohen Ideale der Budo-Künste bewahrt bleiben, wenn sie sogar im

Mutterland kaum noch Beachtung fanden? Deshalb taten sich 1984 namhafte Vertreter japanischer Budo-Organisationen (Aikido, Judo, Jukendo, Shorinji Kempo, Kendo, Kyudo, Karate-Do, Naginatado) zusammen, um mit der Verabschiedung einer „Budo-Charta" die Bewahrung und Entwicklung des Budogedankens zu fördern. 1987 wurde diese Budo-Charta, bestehend aus einer Präambel und sechs Paragraphen, veröffentlicht, um *„die Mitgliedsverbände der Japanischen Budo-Vereinigung zu einer angemessenen Entwicklung des Budo zu ermutigen"*. Diese Absichtserklärung deutet an, dass es Grund zu ernster Besorgnis um das japanische Budo-Erbe gab. In der Präambel werden zentrale Anliegen und Grundsatzpositionen der japanischen Budo-Verbände dargelegt und sind trotz ihrer allgemein gehaltenen Formulierungen für Budo-Sportler interessant, da sie zum Nachdenken anregen und als Orientierung dienen können. Deshalb soll die Präambel nachstehend zitiert werden:

„Budo, verwurzelt im Geist der Krieger des alten Japan, ist ein Aspekt seiner traditionellen Kultur, in der sich in einer über Jahrhunderte dauernden historischen

und sozialen Entwicklung die Kriegskünste vom „jutsu" zu "do" entwickelt haben.

Der Grundidee folgend, nach der Geist und Technik eine Einheit sind, wurde Budo zu einer Form entwickelt und verfeinert, in der durch Disziplin, Ernsthaftigkeit, Etikette, Training von Technik und Körperkraft die Einheit von Geist und Körper angestrebt wird.

Das moderne Japan hat diese Werte geerbt und sie spielen eine wesentliche Rolle bei der Bildung des japanischen Persönlichkeitscharakters. Im modernen Japan ist der Budo-Geist eine Quelle mächtiger Energie und trägt zur Befriedung des Einzelnen bei.

Heute ist Budo in der ganzen Welt verbreitet und genießt internationales Interesse. Vernarrtheit in eine ausschließlich technisch orientierte Ausbildung und ein Gewinnenwollen „um jeden Preis" sind jedoch Beispiele dafür, dass die Essenz von Budo bedroht ist.

Um eine Pervertierung der Kunst zu verhindern, sind wir aufgefordert, uns fortwährend zu prüfen und uns zu bemühen, dieses nationale Erbe zu bewahren und zu vervollkommnen.

In der Hoffnung, dass diese grundlegenden Prinzipien des traditionellen Budo erhalten bleiben, wurde diese Budo-Charta verfasst.

Der Inhalt hebt deutlich hervor, dass Budo als wichtiger Bestandteil der japanischen Kulturtradition betrachtet wird und dass die Einheit von Körper und Geist als Ziel des Trainings angesehen wird. Dabei bedarf es ausgeprägter Charaktereigenschaften und eines Sozialverhaltens, das sich durch Würde und Respekt vor anderen und der Tradition auszeichnet. Es handelt sich also um die Einforderung eines Verhaltenskodexes und Bildungsanspruchs, die dazu beitragen sollen, ein geschätztes Kulturgut zu bewahren. Aber darüber geht die Präambel nicht hinaus. Von einem vorbildlichen, auch im alltäglichen Leben wirksamen Moralkodex oder gar einem spirituellen Weg im Sinne des Zen oder Tao ist nicht die Rede. Es scheint, als hätte auch die japanische Budo-Vereinigung die Bindung der Budo-Künste mit dem ursprünglichen Tao (Do) und ihren Charakter als Zen-Weg nicht mehr im Blick gehabt - oder als zu anspruchsvoll – erst gar nicht mehr berücksichtigt. Dadurch gibt man aber eine zentrale Dimension der Budo-Künste preis, die zumindest immanent im traditionellen Karate-Training wirksam ist und wodurch sich diese Budokunst in besonderer Weise gegenüber westlichen Sportarten auszeichnet. Aber nur weil dieser Weg anspruchsvoll und schwer ist, sollte der hohe Budo-Anspruch nicht aufgegeben werden. Einige werden ihn gehen und als besondere Vorbilder wirken können.

3. Karate-Do als Zen-Weg

„Dem fällt der Sieg zu, noch vor dem Kampf, der keinen Gedanken an sich hegt und im Nicht-Bewusstsein des Großen Ursprungs weilt." (japan. Schwertkämpfer-Epigramm)

Alle Budokünste, die das ,Do' (chin.: ,tao') in ihrem Namen führen, sehen sich in der Geistestradition des Zen-Buddhismus. Zen ist ein Weg, unmittelbaren Einblick in das Geheimnis des Seins zu gewinnen, was nach Auffassung des Zen die höchste Wirklichkeit selbst ist. Aber es ist nicht leicht, Zen zu verstehen oder zu erklären, da es über kein Lehrgebäude verfügt, sich jedem rationalen Zugriff entzieht und jegliche Dogmatik ablehnt.

Zen geht auf das „Erwachen" des indischen Prinzen Shakyamuni Gautama (Buddha) zurück. In China entstand aus der Verschmelzung seiner buddhistischen Lehre und des chinesischen Tao-ismus der Chan- (japan.: Zen-) Buddhismus. Im Zen-Buddhismus ist die Satori-Erfahrung (Erleuchtung oder Selbstwesensschau) das zentrale Element, so dass man Zen auch als eine Religion der Erleuchtung oder des Erwachens bezeichnen kann. Die Satori-Erfahrung wirkt wie das plötzliche Öffnen eines geistigen Auges, die ein unmittelbares Verstehen der Wirklichkeit jenseits aller Begrifflichkeit ermöglicht. Sie geht mit der Einsicht einher, dass wir Menschen kein individuelles Ich besitzen, das den Dingen der Welt als etwas Separates gegenübersteht. Das Ich hat demnach kein unabhängiges, selbstständiges Sein, sondern wird eingebettet im unteilbaren Strom des Lebens als eins mit allem erfahren. *(Suzuki: „Das individuelle Ich ist eine Illusion.")* Der Augenblick des Satori ist ein Weisheitssehen, das frei vom Ich ist und in dem es keine Gedanken oder Begriffe mehr gibt. *„Satori ist der große Tod des Ego (Wohlfart)."* In diesem Moment, wenn der Geist frei vom Ich ist, zeigen sich in einer wortlosen, mystischen Einheitserfahrung letzte Wahrheit und Wirklichkeit in ihrer konkreten So-heit oder Istigkeit. In der Satori-Erfahrung sieht man – ohne das fiktive ‚Ich-Männchen im Kopf' -keine andere Welt, sondern die Welt und die Dinge auf eine ganz andere Art. *„Zen ist absolut diesseitig und Zen- Geist ist Gegenwartsgeist (Wohlfart)."* Diese spirituelle Ganzheitserfahrung des Hier und Jetzt übersteigt aber bei weitem die Möglichkeit einer sprachlichen Beschreibung. Da Sprache und Begriffe schon von dem wirklichen Leben abgehobene Abstraktionen sind, lehnt Zen auch eine sprachliche, theoretische Vermittlung ab. Zen kann niemals Gegenstand logischer Erklärungen sein. Vielmehr zielt Zen auf das intuitive, unmittelbare Erfassen der Wirklichkeit in ihrem So-sein. Zen hat daher mit den Sachen selbst und mit konkreten Dingen zu tun und nicht mit leeren Abstraktionen. Das ist wohl der Grund, warum sich besonders handlungsorientierte Menschen häufig vom Zen angezogen fühlen. Weil sich Zen eben gegen jeden intellektuellen Zugriff sperrt und eher im praktischen Leben zugänglich ist, erweisen sich die Künste, für die intuitives Handeln wichtig ist, als besserer Zugang. Mit ‚Satori' als spirituelle Kernerfahrung erweist sich Zen als eine Religion des Erwachens ohne Lehrgebäude und Dogmatik, in der es keinen Platz für eine transzendente Gottheit gibt. Während man in vielen anderen Religionen über Dogmen, Wortabstraktionen und metaphysischen Spitzfindigkeiten den Kern der Religion bzw. Gott erfahrbar machen will, findet sich die Wahrheit des Zen in den anschaulichen Dingen unseres täglichen Lebens. Zen ist die Erfahrung des Lebens selbst. Wenn ich aufschreie, weil ich mich irgendwo schmerzhaft gestoßen habe, ist das Zen. Wird mir bewusst, dass ich mich gestoßen und verletzt habe, ist das nicht mehr Zen, und wenn ich darüber rede, ist Zen schon längst verschwunden. Seine Schlichtheit, Geradlinigkeit und sein praktischer Charakter machen einen Teil seiner Anziehungskraft aus.

Obwohl Zen jegliches Theoretisieren als wirklichkeitsabgehoben ablehnt, hat sich doch aus der Satori-Erfahrung eine sehr anspruchsvolle Philosophie entwickelt, die sich um den zentralen Begriff der „Leere" (ind.: shunyata, chin.: ku, japan.: kara) dreht. Dieser Begriff wurde zum Dreh- und Angelpunkt aller buddhistischer Philosophie sowie aller praktischen Künste des Zen. In der langen Zen-Tradition wurden bestimmte Schulungswege wie z.B. eine spezielle Meditationstechnik entwickelt, um Schülern einen Weg zum Satori aufzuzeigen. Zum moralischen Rüstzeug der Buddhisten gehören auch einige Verhaltensregeln, die noch auf den Gründer Gautama (Buddha) zurückgehen. Dazu zählen etwa die folgenden fünf buddhistischen Grundregeln des sittlichen Verhaltens:

1. Keine Zerstörung von Leben, 2. Nicht stehlen, 3. Kein sexuelles Fehlverhalten, 4. Nicht lügen, 5. Keine Rauschmittel zu sich nehmen.

Der Buddhismus kennt keine höhere, göttliche Gewalt. Darum müssen Buddhisten auch nicht mit dem Zorn Gottes rechnen, wenn sie gegen diese Gebote verstoßen. Vielmehr vermehren sie dadurch das Leid in der Welt, wodurch man sich womöglich selbst die Hölle auf Erden bereitet. Außer diesen fünf Regeln gelten u.a. noch die Gebote Buddhas zum „achtfachen Pfad" als wichtige moralische Leitgedanken. Dazu gehören z.B.

- eine richtige lautere Anschauung aller Dinge (etwa dass wir kein eigenständiges Ich besitzen),
- eine aufrichtige ehrliche Gesinnung,
- redliches Bemühen, Gutes zu tun und Böses zu vermeiden,
- oder das ständige aufrichtige Überdenken des eigenen Handelns.

Wie alle Budokünste besteht auch das System des Karate-Do aus den drei typischen Elementen Technik (Waza), Geist (Shin) und vitale Energie (Ki) jeweils in spezifischer Ausprägung. Da aber die Budokünste mehr als eine spezielle Art des Kämpfens sind, gehören dazu auch noch moralische und spirituelle Aspekte, ohne die eine Kampfkunst nicht als Budo-Kunst, als Weg des Zen gelten kann. Diese über das physische Technikprofil hinausgehenden Aspekte sind dann bei allen Budo-Künsten die gleichen, auch wenn sie nicht in gleicher Intensität bzw. Qualität vermittelt werden.

Bei genauer Betrachtung lassen sich im Lehrsystem des Karate-Do solche Aspekte, die auf spirituelle und moralische Ziele abheben, leicht ausmachen. Schon in den Begriffskomponenten gibt es deutliche Hinweise darauf. Die japanische Bezeichnung „Do" schreibt sich wie das chinesische Zeichen „Tao". Damit wird der Weg des Himmels, das in allem wirkende kosmische Gesetz, das Ewige, Formlose oder Namenlose bezeichnet. „Do" wird aber auch nur als ‚Weg', als persönlicher Werdegang verstanden. Doch in den Kampfkünsten deutet es die Zielrichtung einer Bindung an das Höhere, Ewige, Spirituelle an. Daher wurden in der frühen chinesischen Kampfkunst die Katas, die formalisierten Übungsabläufe, auch schon „tao" genannt. In der Begriffskomponente „Do" lässt sich daher die Möglichkeit erkennen, mit der Übung der Kampfkunst zu einer vom Ego gelösten, spirituellen Ganzheitserfahrung und damit zu einer tiefen Selbsterfahrung gelangen zu können. Auch die Bezeichnung „kara" (leer) stellt einen ähnlichen philosophischen Begriff dar, der dem buddhistischen Begriff „shunyata" (Leere) entspricht. Nach traditionellem chinesischen Verständnis sind auch das Absolute, das Göttliche oder das Universum „Leere", da nichts Konkretes darüber ausgesagt werden kann. Leere bedeutet somit also keineswegs ‚nichts', sondern bezeichnet die für die Satori-Erfahrung oder für eine vollendete Kampfkunst notwendige Offenheit des Geistes. Diese ist nötig, um ohne Nachdenken und ohne gezielte Absicht intuitiv auf einen Gegner reagieren zu können - so wie sich das Blatt dem Druck des Windes anpasst. Auf der Stufe vollendeter Meisterschaft, wenn der Karateka seinen Geist offen bzw. leer halten kann, gibt es keinen Unterschied mehr zwischen seinem Geist und der Technik. Er wird zum Werkzeug seiner verinnerlichten Technik und kann dadurch sein volles Potenzial ausschöpfen. Der weise Zen-Lehrer D.T. Suzuki beschrieb diese geistige Verfassung so:

„Alle Berechnungen des Verstandes entschwinden dem Blick und es herrscht ein Zustand von Nicht-Geist (mushin) oder Nicht-Denken (munen). Wenn die letzte Vollendung erlangt ist, tun Körper und Gliedmaßen ganz von selbst, was sie zu tun haben, und der Geist greift nicht mehr störend ein. Die technische Geschicklichkeit ist so automatisch geworden, dass sie sich gänzlich von allem bewussten Bemühen ablöst (Suzuki: 1994, S.289)."

Das Erlebnis einer solchen Geistesverfassung hat höchste spirituelle Qualität und hat den Charakter einer wortlosen Zen-Erfahrung. Über den Geist des „mushin" kann somit eine religiöse Kernerfahrung erreicht werden, die der

Satori-Erfahrung des Zen vergleichbar ist. Dann wird die Budo-Kunst zur Zen-Kunst. Für erfahrene Sportler und Künstler ähnelt dieses Phänomen dem, was man „Flow" nennt, wenn man eins mit der Bewegung wird und vollkommen im gegenwärtigen Moment aufgeht. Wenn das reflektierende Bewusstsein wieder einsetzt, verbleibt eine Weile der Eindruck eines höchst kostbaren Erlebnisses. Aber es sind eben nur seltene, kurze Momente.

Die Zen-Schulung, wie auch die Budo-Ausbildung, zielen auf diese Vollendung der Meisterschaft ab, und fähige Meister bzw. Lehrer können die Schüler auf den Weg dorthin führen. Dabei achten sie neben der intensiven und disziplinierten technischen Ausbildung vor allem darauf, dass Egozentrik, Eitelkeit und Überheblichkeit vermieden werden. Stattdessen wollen sie Bescheidenheit, Höflichkeit, Achtsamkeit und Respekt vor anderen als Charaktereigenschaften entwickeln. Eine überhebliche Person mit ausgeprägtem Ego ist zur Zen-Erfahrung unfähig und schadet dem Ansehen der Budo-Kunst. Der Meister muss kein Gelehrter oder Heiliger sein, vielmehr ist er selber auf dem Weg, nur eben schon etwas weiter. Er ist ein konkreter

Mensch (Meister oder Lehrer) mit Schwächen und Fehlern. Wenn er sich in der Budotradition und nicht nur als Trainer sieht, fühlt er sich in einer Mittlerrolle und dem ewigen Meisterideal verpflichtet. Auch nach Jahrzehnten der Übung und Erfahrung wird er selbst immer noch Bedarf sehen, an sich zu arbeiten, um sich dem Ideal weiter anzunähern. Neben seinem fachlichen Können macht dies hauptsächlich seine glaubhafte Autorität aus. Als Vorbild wirkt er darum hauptsächlich durch seine ganze, auch außerhalb des Dojos sichtbare authentische Persönlichkeit, weniger durch theoretische Belehrungen.

Selbst im alltäglichen Sporttraining, sofern es die traditionellen Rituale und Formen der Etikette wahrt, ist noch viel vom Weg des Zen präsent und lebendig. Die Bezeichnung der Übungshalle als „Dojo", was man als „Ort des Tao" oder „Ort der Weg-Übung" übersetzen kann, weist wieder auf die besondere Geistestradition hin. Auch eine normale Sporthalle wird zum Dojo durch die Geisteshaltung der Übenden im Bemühen um inneren Fortschritt. Diese drückt sich z.B. im Gruß beim Betreten und Verlassen der Halle, in der Wahrung der speziellen Rituale sowie in einer Atmosphäre ruhigen, ernsthaften Übens aus. Dazu gehört auch die kurze sitzende Seiza-Meditation zu Beginn und Ende des Trainings, wodurch die Teilnehmer wie im Zen ihren Geist beruhigen und kontrollieren lernen. Die Aufforderung dazu erfolgt über das Kommando „Mokuso" des Lehrers. Dieser Begriff stammt aus der Zen-Meditation und bedeutet etwa „Schweigendes Verstehen" oder „Schweigende Erleuchtung". Schließlich sollen noch Beispiele aus der Karate-Übungspraxis verdeutlichen, wie eng die Karate-Schulung mit dem Zen-Weg verbunden ist. Im Shotokan-Karate gibt es z.B. eine ausgeklügelte Methodik, um letztlich die Fähigkeit zum reflexionslosen Kämpfen zu erwerben - im Sinne von ‚mushin' oder ‚muga'. Die anspruchsvollen Übungsformen ‚Okuri-Ippon-Kumite' und ‚Happo-Kumite', Übungen für Fortgeschrittene, sind durch sehr komplexe Anforderungen darauf angelegt, in unterschiedlichen Situationen unverzüglich und ohne nachzudenken auf eine spezielle Kampfsituation reagieren zu können. Man muss sich dabei ganz seinem Körper und seinem verinnerlichten technischen Können anvertrauen, so dass „es" agiert und nicht das Ich. Gut ausgebildete und trainierte Karateka schaffen es dann, intuitiv mit richtigem Distanzverhalten und mit effektiver Technik solche Kampfsituationen zu bewältigen. Wenn sie diese Übungsformen sicher beherrschen, können sie auch einem richtigen Kampf mit ruhigem Geist entgegentreten. Dann wird ihre Kunst zur „Nicht-Kunst" im Sinne des chinesischen „wei-wu-wei" (Handeln im Nicht-Handeln) oder des japanischen „muga" (Nicht-Ich) und erreicht die spirituelle Dimension des Tao-ismus und Zen-Buddhismus.

4. Der hohe Anspruch - Zen-Ethos und Bushido

Als Produkt der fernöstlichen Kulturtradition wurde Karate-Do im Laufe seiner langen Entwicklungszeit zwangsläufig von den jeweiligen geistigen Strömungen und gelebten Traditionen beeinflusst. So spiegelt die Budo-Kunst Karate-do in ihrer sittlichen und erzieherischen Ausrichtung in hohem Maße Werte und Tugenden ihrer vitalsten Wurzeln, die der Kriegerkultur der Samurai und des Zen-Buddhismus, wider.

Den stärksten geistigen Einfluss auf die fernöstliche Kultur und auch auf die

Kampfkünste übte zweifellos der Zen-Buddhismus aus. Aus der „Bujutsu"-Kriegskunst der Samurai, die das Töten des Gegners zum Ziel hatte, entwickelten sich durch den Einfluss des Zen allmählich die Budo-Künste. Diese hatten aber fortan – mit den gleichen kämpferischen Übungen – eine friedfertige Zielsetzung und das Schwert wurde zum Symbol spiritueller Schulung. Die Kernerfahrung des Zen, „Satori" oder „Kensho" (Selbstwesensschau), ist eine Art mystischer Einheitserfahrung totaler Gegenwärtigkeit, in der man sich als eins mit allem erlebt. Daraus erwächst ein tiefes Mitgefühl und Erbarmen mit allen Kreaturen und Mitmenschen, woran auch die buddhistische Morallehre anknüpft, wie sie u.a. in den fünf moralischen Zen-Regeln Niederschlag fand.

Im 16./17. Jahrhundert konnte mit der dritten chinesischen Kulturwelle der Konfuzianismus mit seiner auf gesellschaftlichen Frieden ausgerichteten Soziallehre in Japan derart Fuß fassen, dass er die dortige Volksmentalität und den japanischen Moral- und Ehrenkodex nachhaltig beeinflusste. Entsprechend fanden dann auch konfuzianische Werte Eingang in die in jener Zeit gerade entstehende Budo-Ideologie. So verbanden auch viele Budo-Meister Okinawas ihre Kampfkunst mit ethischen Regeln, die sich an die Kardinaltugenden der konfuzianischen Lehre anlehnten. Der legendäre Matsumura Soko verfasste z.b. moralische Leitsätze, in denen er sich u.a. gegen Gewalt und stattdessen für ein friedvolles Herz und zwischenmenschlichen Frieden aussprach.

In allen Budokünsten – so auch im Karate-do – gelten die sogenannten Dojokun-Regeln als Herz der Budo-Ethik. „Dojokun" kann man mit „Leitsätze für den Ort der Erleuchtung" oder mit „Leitsätze für den Ort der religiösen Praxis" übersetzen, was schon eine Menge über den Ursprung und die inhaltliche Ausrichtung verrät. In diesen Regeln lassen sich dann auch ethische Leitgedanken des Zen-Buddhismus und des Konfuzianismus nachweisen. Die Dojokun-Regeln werden vielfach auf den okinawanischen Meister Sakugawa (1733-1815) zurückgeführt, obwohl es dafür keinen schriftlichen Nachweis gibt. Manche glauben sogar, in Bodhidharma den Urheber zu sehen. Andere dagegen halten Funakoshi Gichin für den Urheber. Aber auch dafür gibt es keinen Nachweis. Vielmehr hat

Funakoshi ein eigenes System moralischer Leitgedanken mit zwanzig Regeln aufgestellt, was eher dagegen spricht, ihn als Urheber der Dojokun-Regeln zu sehen. Die fünf Dojokun-Regeln lauten in der gängigen deutschen Übersetzung:

* Strebe nach Vollendung der Persönlichkeit,

* Bewahre den Weg der Wahrhaftigkeit,

* Pflege den Geist des Strebens,

* Ehre die Prinzipien der Etikette,

* Verzichte auf Gewalt.

Diese deutsche – wie übrigens auch die englische – Übersetzung erweist sich jedoch als sperrig, wenig konkret und sehr interpretationsbedürftig. Darum ist es hilfreich, sich ansatzweise näher mit der japanischen Originalfassung zu befassen. Dabei fällt zunächst auf, dass alle Leitsätze im Japanischen mit „eins ist" oder „erstens" beginnen. Das soll wohl ausdrücken, dass alle von gleicher, höchster Bedeutung sind und gleichrangig anzusehen sind. Die erste Regel lautet auf Japanisch „*hitotsu, jinkaku kansei ni tsutomeru koto*". Während die deutsche Übersetzung vor allem auf eine erzieherische Bedeutung hindeutet, weist die japanische Formulierung auf einen tieferen Sinn hin. Der Begriff ‚jinkaku' deutet auf den Teilaspekt des Charakters hin, der sich zum Besseren hin entwickeln lässt. Er bezeichnet also den Aspekt unserer Persönlichkeit, den wir durch beständiges Üben zum Guten oder Höheren entwickeln können, um nach Erleuchtung oder Erlösung zu streben. Dadurch weist diese Regel weit über ein einfaches Erziehungsziel hinaus und fordert uns auf, in Richtung der Zen-Erfahrung zu streben. Auch die vierte Regel erweist sich im Japanischen als viel gehaltvoller als der erste Eindruck vermuten lässt. Diese sollte man besser „den respektvollen Umgang hochschätzen" übersetzen. Den zentralen Begriff der Regel „reigi" kann man vordergründig als ‚Regeln der Etikette' übersetzen. Im Licht der konfuzianischen Lehre gewinnt dieser Begriff jedoch die Bedeutung eines universalen Sittengesetzes, das uns verpflichtet, an einer ständigen Selbstkultivierung zu arbeiten und allem, was uns begegnet, respektvolle Aufmerksamkeit entgegenzubringen. Das Grußkommando „rei", Wortteil des ‚reigi', ist ein wichtiger Bestandteil der Dojo-Etikette. Es fordert zu einer respektvollen

Verneigung auf, die etwa Dank, Respekt oder Höflichkeit ausdrückt. Dieser Gruß soll der Achtung vor dem Göttlichen, dem Menschen und der Natur entspringen und muss von innerer Aufrichtigkeit getragen sein. Anhand dieser beiden Beispiele zeigt sich schon, dass die Dojokun-Regeln nicht nur allgemeine Moralregeln darstellen, sondern im direkten Bezug zu den Kernanliegen des Zen-Buddhismus und der konfuzianischen Morallehre stehen.

Neben den Dojokun-Regeln gelten die zwanzig Karate-Regeln Funakoshis als zweite Säule der Karate-Ethik. Diese hatte er als mentalen und spirituellen Leitfaden für seine Schüler formuliert. Die erste Regel lautet: „Vergiss nie. Der Weg des Karate beginnt und endet mit Respekt (rei)." Dabei geht es nicht nur um den höflichen Umgang miteinander. Der Bezug zum Begriff ‚rei' weist erneut auf einen höheren moralischen Anspruch hin (s.o.) Diese Regel fordert uns außerdem dazu auf, das im Dojo übliche respektvolle und höfliche Verhalten auch im alltäglichen Leben zu zeigen. Die zweite Regel „Im Karate gibt es keinen Erstschlag" ist wohl die bekannteste. Auch sie schließt Aspekte der Zen-Lehre ein. Man kann sie vordergründig so verstehen, dass der

Karateka nie mit Aggression und Gewalt beginnen soll oder dass Karate nur auf Verteidigung ausgelegt ist. Aber auch hier steckt ein besonders tiefer Bezug zur Ethik der Zen-Lehre dahinter. Sie geht aus der Zen-Erfahrung hervor, in der es kein Ich und kein Gegenüber mehr gibt. So gibt es für den Karateka auch kein Selbst und keinen Gegner. Der ehemalige Weggefährte Funakoshis und langjährige Präsident des Shotokai-Verbandes Jodaro Takagi erläuterte entsprechend die tiefere Bedeutung dieser Regel. Demnach schließe der Karateka einen potentiellen Gegner so in seine Perspektive mit ein, dass er nicht mehr von ihm getrennt , sondern vielmehr mit ihm eins sei. Auf diese Weise fließt höchster moralischer Anspruch der Zen-Lehre in Funakoshis zweite Regel und damit in das Ethos des Karate.Do mit ein.

Als die Kampfkunst Karate-Do Eingang in die japanische Gesellschaft fand, hatte Karate als Budokunst erst eine junge Tradition, während die älteren japanischen Kampfkünste schon seit Jahrhunderten diesen Charakter angenommen hatten. Auf separaten Entwicklungswegen hatten aber alle Budokünste Elemente der Samurai-Kultur sowie der großen geistigen

Strömungen der japanischen Kultur wie den Shintoismus, Zen-Buddhismus und Konfuzianismus in sich aufgenommen. Ende des 19. Jahrhunderts bis Mitte des 20. Jahrhunderts fand in Japan eine Rückbesinnung und Glorifizierung der Samurai und ihres Ehrenkodexes statt, was sich im Begriff „Bushido" kristalisierte. Dieser Begriff stand bald für eine Ideologie, die sich aus den gleichen geistig-kulturellen Quellen speiste wie die Budokünste. Sie wurde aber niemals schriftlich niederlegt und fixiert. Dennoch fühlte sich bald das gesamte japanische Volk dem Bushido-Ehrenkodex verpflichtet. Im Verlaufe der langen Samurai-Tradition haben sich die konkreten Inhalte zwar etwas verschoben, blieben in ihrer Ausrichtung aber immer den Grundtugenden der Samurai verpflichtet. Folgende Tugenden lehrte Bushido bis in die jüngste Vergangenheit:

- Sinn für Gerechtigkeit und Ehrenhaftigkeit
- Mut und Verachtung des Todes
- Mitleid mit allen Wesen
- Höflichkeit und Respekt
- Aufrichtigkeit
- absolute Loyalität zum Vorgesetzten
- Verteidigung der Ehre bzgl. des eigenen Namens und des eigenen Clans

Diese sind – mehr oder weniger stark ausgeprägt - bis heute in der japanischen Gesellschaft wirksam. Sie haben zu einer Volksmentalität beigetragen, in der es im Gegensatz zur westlichen Mentalität verpönt ist, gegenüber anderen Menschen Schmerzen, Kummer, Unzufriedenheit und schlechte Laune zu zeigen oder andere mit eigenen Sorgen zu belasten. Nach japanischer Überzeugung bewirken Tadeln, Streiten und Wehklagen nichts

Positives, vielmehr werden dadurch tendenziell Freunde verprellt, Stimmungen und Denkschärfe verschlechtert sowie der persönliche Einfluss reduziert. Dagegen zielt die vom Bushido-Ideal geprägte japanische Mentalität auf positives Denken und Handeln, auf Selbstbeherrschung, auf Höflichkeit sowie auf ein feines Taktgefühl, das auf die Mitmenschen sehr gewinnend wirkt. Bushido beeinflusste so auch ganz wesentlich Menschenbild und Erziehungsziele der Japaner in der jüngeren Geschichte. Es wurde damit auch ein wichtiger normativer Faktor in der Sozialisation und Ausbildung der Karate-Größen, die Karate berühmt machten und in die westlich-abendländische Kultur einführten. Sie verkörperten – so, wie sie auftraten, lehrten und als Personen wahrgenommen wurden - in nicht geringem Maß den Ehrenkodex des Bushido, wenn auch in jeweils unterschiedlich ausgeprägter Weise. Dadurch wurde die Bushido-Idee auch für die westlichen Karateschüler zum Bestandteil ihrer Ausbildung, da vordergründig Etikette, Charakter und Ausbildungsinhalte ihrer japanischen Lehrer als zusammengehörig empfunden wurden. Dies lässt sich anhand der karatespezifischen Formen der Etikette und Rituale leicht nachweisen, was jetzt aber hier nicht näher erläutert werden soll. Volksmentalität und moralische Werte bilden sich über einen langen Zeitraum in einem bestimmten historisch-kulturellen Rahmen. Sie lassen sich nicht unverändert über mehrere Generationen und Epochen bewahren und schon gar nicht in eine fremde Kultur übertragen. Sie unterliegen zwangsläufig einem Veränderungsdruck, wenn sich das sozio-kulturelle Umfeld gewandelt hat. Solch normative Werte wie Moral und Ehre bedürfen immer der Interpretation der jeweiligen Generation vor dem Hintergrund des aktuellen gesellschaftlichen Umfeldes. Daher ist es doch erstaunlich und bemerkenswert, dass die japanische Nation, die sich wie kaum eine andere dem westlich-kapitalistischen Fortschrittsdenken und der Technikgläubigkeit verschrieben hat, die traditionellen Werte in hohem Maße bewahrt hat. So ist auch der Geist des „Bushido" immer noch lebendig, auch wenn der „Weg des Kriegers" vordergründig zu einer vergangenen Welt gehört. Doch offenbar vermitteln die damit implizierten Werte das Gefühl, damit die nationale Identität und den sozialen Frieden bewahren zu können. Außerdem bieten sie dem einzelnen Menschen die Möglichkeit, sich ohne religiöse Dogmatik in seiner physisch-psychisch- spirituellen Ganzheit zu erleben und den inneren Frieden finden zu können. Dazu leisten die Budo-Künste bis in die heutige Zeit einen wichtigen Beitrag.

ZWEITER TEIL

Budo- und Zen-Geist in Zitaten und Spruchweisheiten

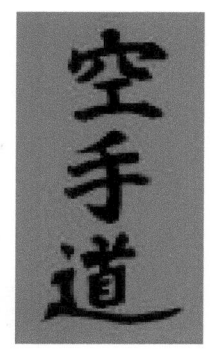

1.   Die Kunst des Karate-Do

Die Kunst des Karate ist eine integrierte, ganzheitliche Übung. Sie erzieht den gesamten Menschen, Geist und Körper zugleich. Deshalb ist es wichtig, sich intensiv mit der Geist-Körper-Einheit zu beschäftigen und keine Trennung herbeizuführen, indem man sich nur darauf konzentriert, eine Technik zu perfektionieren.

(Webster-Doyle)

Eine Ausrichtung des Trainings auf das Ziel, Kämpfe zu gewinnen, kann zur Entartung dieser dynamischen und kraftvollen Kunst führen ...Das Endziel des Karate ist das Entwickeln eines sauberen Charakters durch hartes und fleißiges Training.

(Nakayama)

Karate ist kein Spiel. Es ist kein Sport. Es ist nicht einmal eine Technik der Selbstverteidigung. Karate ist zur Hälfte eine körperliche, zur anderen Hälfte eine spirituelle Disziplin. Ein Karateka, der die erforderlichen Jahre der Übung und Meditation hinter sich hat, ist ein heiterer und friedlicher Mensch. Er hat keine Furcht. Inmitten eines brennenden Hauses bleibt er gelassen.

(Masutatsu Oyama)

Karate-Do ist eine noble Kampfkunst,
und jene, die stolz darauf sind, Bretter
zu zer-brechen oder Ziegel zu
zerschlagen, oder damit angeben,
außergewöhnliche Taten zu vollbringen,
(.....) verstehen in Wirklichkeit nichts
von Karate. Sie spielen herum in den
Blättern und Zweigen eines großen
Baumes ohne die kleinste Vorstellung vom
Baumstamm.

(Funakoshi)

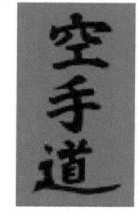

Der Weg des Karate-Do ist ein ständiger
Prozess. Der Weg zur Perfektion der
Technik, des Handelns und letztlich des
Charakters ist nie zu Ende, weil wahre
Perfektion niemals vollständig erreicht
werden kann.

Niemand kann im Karate-do Perfektion erreichen, bevor er nicht letztlich zu der Einsicht gelangt, dass es mehr als alles andere eine Lebensphilosophie ist.

Karate ist ein Weg zu leben. Als solcher bildet es einen Charakter, der ein vollkommen anderer ist als der, der im Sportkarate entsteht. Karate übt man weder zum Spaß noch um einen Preis.

(Kentsu Yabu, okinawan. Karatelehrer)

So wie die blanke Oberfläche eines Spiegels alles widergibt, was vor ihm steht, und wie ein stilles Tal selbst den schwächsten Laut weiterträgt, soll der Karateka sein Inneres leermachen von Selbstsucht und Bosheit, um in allem, was ihm begegnen könnte, angemessen zu handeln. Das ist mit ‚kara‘ oder ‚leer‘ gemeint.

(Funakoshi)

*Die Faust und das Zen gehören
zusammen. Karate und Zen sind eins.*

(Nakayama)

Gyudo
(Die Übung des Weges, d.h. Übung
als Lebensprinzip, nicht nur zum
Erreichen eines bestimmten Ziels)

2. Die Mühen des Weges

Es ist leichter, tausend Dinge halb zu
tun, als auf einem Gebiet Meister zu
werden!

(Budo-Weisheit)

Wer nur übt, um gegen andere zu gewinnen oder besser zu sein als andere, der übt auch nur für andere. Das ist nicht der wahre Weg. Wenn man jedoch Freude daran empfindet, Karate für sich zu meistern, wenn man gar nicht mehr damit aufhören kann, was auch immer die Anderen sagen mögen, dann kann man Karate als Weg ohne Ende erleben.

Karate üben heißt, ein Leben lang zu arbeiten, darin gibt es keine Grenzen.

(Funakoshi)

Vertreibe den Leistungsgedanken so
schnell wie möglich aus deinem Kopf.
Konzentriere deine Aufmerksamkeit
einzig und allein auf die Form und
nimm dies als Ausgangspunkt. Dabei
wird es Dir nie langweilig werden.
Selbst Schüler, die schon lange Karate
praktizieren, üben immer wieder die
Grundtechniken auf's Neue. Wir nennen
das den Anfängergeist, einen Geist, der
in jedem Augenblick frisch und immer
wieder neu ist.

(Webster Doyle)

Die Position „Yoi" ist die wichtigste Haltung in der Kunst des Karate. Wir sind wachsam in ihr, bewusst und voller Aufmerksamkeit. Bei unseren Übungen ist es sehr wichtig, gut zuzuhören und genau zu beobachten und diese besondere Achtsamkeit mitzunehmen, wenn wir das Dojo verlassen, um unserem Alltag nachzugehen. Die Kunst des Karate ist das Leben; sie ist nicht losgelöst von ihm."

(Webster-Doyle)

Vergiss nie: Karate beginnt und endet mit Respekt. Ohne Höflichkeit geht der Sinn des Karate verloren.

(Funakoshi)

Bei unseren Übungen ist es sehr wichtig, gut zuzuhören und genau zu beobachten und diese besondere Achtsamkeit mitzunehmen, wenn wir das Dojo verlassen, um unserem Alltag nachzugehen. Die Kunst des Karate ist das Leben; sie ist nicht losgelöst von ihm.

(Webster-Doyle)

Nach einigen Jahren des Trainings steht mancher Schüler vor der Entscheidung: alles oder nichts. Es gibt keinen, der ihm sagt, was er tun soll. Er ist frei. Aber um Fortschritt und Freiheit zu erhalten, sind Selbstverantwortung und Disziplin erforderlich. Will er den Fortschritt ohne Disziplin, kostet es die Freiheit. Will er die Freiheit ohne Disziplin, kostet es den Fort-schritt

(Lind in: Budo)

In der täglichen Übung muss man beständig den Regeln des Anstands folgen, muss den Grundlagen treu bleiben und der Versuchung wider-stehen, ein ausschließlich an technischen Fähigkeiten orientiertes Training zu betreiben, anstatt die Einheit von Geist und Technik anzustreben.

(Budo-Charta, Art. 2)

Der Weg zum Erfolg hat keine Abkürzung.

(Tanaka Masahiko)

Wir haben alle ein bisschen Schwäche in uns. Auf die eine oder andere Weise wollen wir manchmal etwas umsonst. Doch in der Kampfkunst gibt es dies nicht. Der Rang, der Fortschritt, der Status wird durch Arbeit und Hingabe erreicht und kann nur durch deren Beständigkeit erhalten werden. Es gibt keine Abkürzung - nur Arbeit, Schweiß und Schmerzen.

(Chibana Choshin, okinawan. Karatelehrer)

Das ständige Kihontraining wird dich manchmal langweilen. Du musst einen eisernen Willen entwickeln und weitermachen. Du musst die Monotonie einfach akzeptieren und die Zähne zusammenbeißen ohne nachzulassen... Vergiss niemals deine Absicht, Karate zu meistern. Dazu gehört, jedes auftretende Hindernis zu überwinden. Derjenige, der die Geduld und Beharrlichkeit besitzt, durch alle Höhen und Tiefen des Trainings zu gehen, gewinnt die Fähigkeit zur Selbstkontrolle, was er auch immer tut. Er wird seine Persönlichkeit und einen harmonischen Charakter entwickeln. Dies zu realisieren, kann je-doch nur aus dem Inneren des Schülers kommen. Zur gleichen Zeit wird er den wahren Geist von Karate entdecken.

(Kanazawa)

Kata - Nach einiger Zeit der Übung entsteht ein gewisser Geist, eine Energie, die durch die Berührung mit dem Wesen der Kata hervorgebracht wird (...) Im Einklang mit diesem Geist legen wir Würde und Anmut in unsere Körperhaltung. Es liegt etwas Erhabenes und Würdevolles in einer Bewegung, wenn unser Geist vollkommen ist. Wir legen unsere gesamte Aufmerksamkeit in diese Form (der Kata), damit wir im Hier und Jetzt leben können.

(Webster-Doyle)

Du magst lange, lange Zeit üben, aber wenn du nur deine Hände und Füße bewegst und auf und ab hüpfst wie eine Marionette, dann ist das Karatestudium nichts anderes als das Tanzenlernen. Du wirst nie zum Kern der Dinge vordringen. Du wirst die Quintessenz von Karate-Do nicht begriffen haben.

(Funakoshi)

*Eine gute Technik siegt über die pure
Kraft, aber der Kampfgeist dominiert
alles.*

Wenn du etwas tust, dann mit dem festen Entschluss, es zu vollbringen. Ohne irgendeine Vorstellung von geschickt oder nicht, gefährlich oder nicht – tust du es einfach. Wenn du etwas mit dieser Art von Entschlossenheit tust, ist das wahre Übung.

(Shunryu Suzuki)

Wahres Karate ist wie heißes Wasser, das abkühlt, wenn man es nicht beständig erhitzt.

(Funakoshi)

Erst wenn du erkennst, dass du so gut
werden kannst wie dein Meister, hast du
den Weg begonnen.

(Hagakure)

Im Karate ist es essentiell, einen Unterricht anzustreben, nach dem jeder sagen kann: „Es war gut, dass ich Karate gemacht habe."

(Kanazawa)

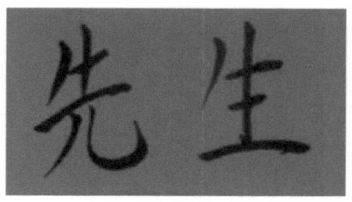

Sensei

(voraus leben, Vorbild , Meister)

3.   Meister, Lehrer und Schüler

Auf die Inseln in den südlichen Meeren gelangte eine ausgezeichnete Kunst. Sie heißt Karate. Zu meinem großen Bedauern verfiel die Kunst, und ihre Weitergabe ist zweifelhaft. Wer wird die große Aufgabe übernehmen? Wer wird es tun, wenn ich es nicht tue? Ich blicke in den blauen Himmel ...

(Funakoshi)

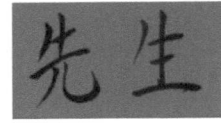

Sein Geist sollte rein und aufrichtig sein und sein Herz voller Güte und Mitgefühl für alle fühlenden Wesen. Er sollte Heiterkeit, Begierdelosigkeit, Selbstbeherrschung und Gleichmut angesichts von Lob und Tadel haben und sich in all seinem Denken und Tun auf das Wohl der anderen ausrichten und in nichts den eigenen Vorteil suchen.

(Bünker, Das Bild des Meisters)

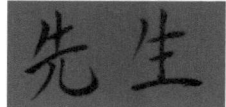

Der Meister unterrichtet Techniken, doch den Weg lehrt er durch seine Persönlichkeit. Er überzeugt nicht dadurch, was er sagt, sondern dadurch, dass er es ist, der es sagt.

(Lind, Budo)

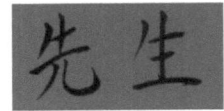

Wie man mit einer brennenden Kerze eine andere anzündet, so überträgt der Lehrer den Geist der rechten Kunst von Herz zu Herzen (d.h. ohne Worte).

(Lind, Budo)

Der Rang, den der Lehrer seinem Schüler verleiht, dient zur Kennzeichnung des Fortschritts, den der Schüler auf den untrennbar verbundenen Ebenen der Technik, des Körpers und des Geistes erzielt hat.

(Protin, Aikido)

Ein großer Meister muss zugleich ein
großer Lehrer sein, das gehört bei uns
ganz selbst verständlich zusammen!

(Kenzo Awa in:Zen in der Kunst des
Bogenschießens)

Der Meister nach Konfuzius :

Aus der Ferne betrachtet, wirkt er streng. Naht man ihm, ist er sanft. Hört man ihn reden, klingen seine Worte endgültig und entschieden.

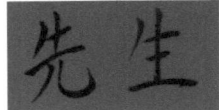

Wenn jemand es in einer Kunst zu wahrer Meisterschaft gebracht hat, zeigt er das durch all seine Taten.

(D.T. Suzuki)

Weit entfernt davon, in dem Schüler vorzeitig den Künstler wecken zu wollen, hält der Lehrer es für seine erste Aufgabe, aus ihm einen Könner zu machen, der das Handwerkliche souverän beherrscht.

(Herrigel, Zen i. d. Kunst des Bogenschießens)

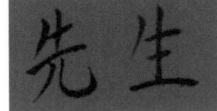

Lehrer öffnen dir die Tür, aber eintreten musst du selber.

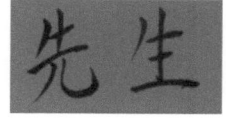

Der japanische Schüler bringt dreierlei mit: gute Erziehung, leidenschaftliche Liebe zu der von ihm gewählten Kunst und kritiklose Verehrung des Lehrers. Das Lehrer-Schüler-Verhältnis gehört zu den grundlegenden Bindungen und schließt hohe Verantwortung des Lehrers ein – weit über den Rahmen seines Unterrichtsfaches hinaus.

(Herrigel, Zen i. d. Kunst des Bogenschießens)

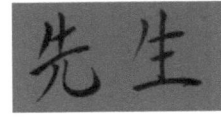

Ist dein Geist leer, ist er immer für alles bereit. Er ist offen für alles. Im Anfängergeist stecken viele Möglichkeiten, im Expertengeist nur wenige. Im Anfängergeist gibt es keinen Gedanken wie „Ich habe etwas erreicht". Alle ich-zentrierten Gedanken engen unseren weiten Geist ein. Wenn wir keine Gedanken an Erfolg oder Erfüllung hegen, sind wir wahre Anfänger. Dann können wir wirklich etwas lernen!

(S. Suzuki)

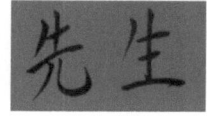

Techniken, Bewegungsmuster und Kata sind nur der Anfang. Die Wahrheit kann man erst erfassen, wenn man sich selbst und sein eigenes Potential vollständig verstanden hat. Wissen um die Kampfkunst bedeutet letztlich Wissen um sich selbst.

(Bruce Lee)

先生

Wenn ein Schüler hart trainieren will,
kann er sich sparen, von einem Dojo zum
anderen zu rennen, nur um viele
verschiedene Dinge zu lernen.

(Morihei Ueshiba)

Der Mann, der seinen Lehrer ehrt, ehrt sich selbst.

(chinesisches Sprichwort)

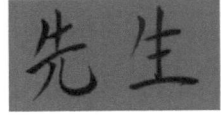

Auch bei geringer Begabung ist das ernste Streben der sichere Schlüssel zum Erfolg. Verfügt einer hingegen über reiche Gaben, ist jedoch ohne Selbstzucht, so führt der Mangel an Disziplin auf geradem Weg zum Scheitern.

(Yoshida Kenko, japan. Dichter, 16. Jhdt.)

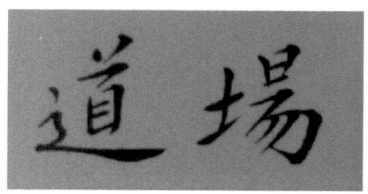

Dojo

(Ort des Weges, der Erleuchtung)

4. Zum Dojo

Das Dojo ist ein geheiligter Ort für die Ausbildung unseres Geistes und Körpers. Hier müssen Disziplin, richtige Etikette und Förmlichkeit herrschen. Der Übungsort muss eine ruhige, reine, sichere und ernsthafte Atmosphäre bieten.

(Budo-Charta, Art.4)

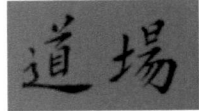

In jedem Dojo gibt es einen Sensei und mehrere Fortgeschrittene, die zum Teil schon selber Meister sind. Fortgeschrittene nehmen nie mehr von ihrem Dojo als sie geben, weil für sie das Dojo kein Raum, sondern das Abbild ihrer eigenen Haltung ist. Darin unterscheiden sich Dojos von Sporthallen.

(Lind, Budo)

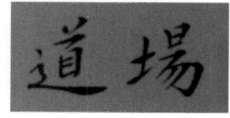

Wenn wir ruhig und entspannt sind, können wir uns vollständig auf das konzentrieren, was wir gerade tun. Aber noch wichtiger ist es, beim Sitzen unser Denken zu beobachten, alle Gedanken wahrzunehmen, die uns durch den Kopf gehen. Wenn wir einfach nur ruhig sitzen, öffnen sich die Tiefen unseres Ichs. Dann können wir das Wesen der Kunst des Karate verstehen und anfangen, die Bedeutung des leeren Selbst zu begreifen.

(Webster-Doyle)

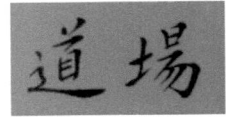

Im Dojo muss man seine eigene innere Stille finden und sollte aufhören, nach dem Warum und Wie zu fragen. Solche Gedanken verderben die innere Haltung. Der wichtigste Kampf, der im Dojo stattfindet, ist der gegen das eigene egoistische Ich.

(Lind, Budo)

Das Dojo liegt am Schnittpunkt zweier Wege: der erste ist der unseres täglichen Lebens mit allem, was es bietet an Erleichterungen, Gemütlichkeit und Entfremdung; der zweite ist ein schmalerer, der selten gegangen wird, der Weg der Selbstentdeckung, des persönlichen Fortschritts und der Erfüllung. Dieser Weg, das Do der Kampfkünste, bedarf aber der Anstrengung.

(Protin, Aikido)

Die wechselseitige Verbeugung zwischen
Lehrer und Schüler beim Angrüßen ist
ein gegenseitiger Achtungserweis, der
von keiner Seite durch eine heuchlerische
Geste oder Rede gestört wird. Durch die
individuelle und rituelle Seite dieses
Verhaltens gewinnt die Dojogemeinschaft
etwas Faszinierendes.

(Protin, Aikido)

Die Weisheit, welche die Praxis des Budo erlangen und bewahren hilft, darf sich nicht nur innerhalb des Dojos bekunden. Sie muss in jedem Augenblick, unter allen Umständen und in jeder Verhaltensweise gegenwärtig sein und als Ausgangslage und Grundbedingung aller Beziehungen dienen.

(Protin, Aikido)

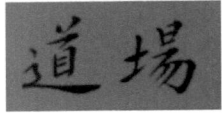

Gibt es jemanden, der zwar gern die Anordnungen der Ranghöheren in seinem Dojo befolgt, aber die Worte des Vaters einfach überhört? Ich hoffe nicht. Falls es so jemanden gibt, hat er wohl kaum das Recht, irgendeine Kampfkunst zu erlernen.

(Funakoshi)

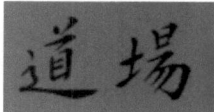

Jeder Sieg, den man über sich selbst
erringt, ist wie ein Sonnenaufgang.

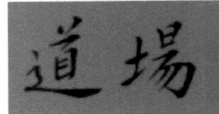

Was ihr durch die Worte anderer gelernt habt, werdet ihr schnell vergessen. Was ihr mit eurem ganzen Körper verstanden habt, daran werdet ihr euch euer Leben lang erinnern.

(Funakoshi)

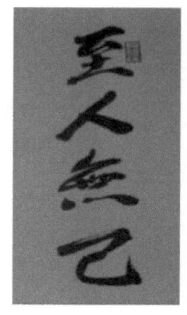

Shi Jin Nashi Onore

(Der höchste Mensch ist ohne Ich)

5. Die spirituelle Dimension

Nicht der Glaube an ein höchstes Wesen noch seine Verneinung, sondern nur die eigene Bemühung um rechtes Leben und die selbst errungene geistige Entwicklung können zur Befreiung führen.

(chinesische Weisheit)

Mokuso - Wenn wir ruhig und entspannt sind, können wir uns vollständig auf das konzentrieren, was wir gerade tun. Aber noch wichtiger ist es, beim Sitzen unser Denken zu beobachten, alle Gedanken wahrzunehmen, die uns durch den Kopf gehen. Wenn wir einfach nur ruhig sitzen, öffnen sich die Tiefen unseres Ichs. Dann können wir das Wesen der Kunst des Karate verstehen und anfangen, die Bedeutung des leeren Selbst zu begreifen.

(Webster-Doyle)

Das Leben ist eine Feier, es ist ein fort-
währendes Fest. Du musst nur ein wenig
stiller werden, um es hören zu können.
Und wenn du vollkommen still bist –
nicht nur still, wenn du Stille bist –
dann bist du fähig, das Göttliche in dir
wahrzunehmen.

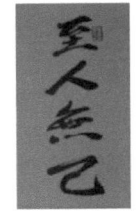

Wenn wir Karate jedoch ernsthaft als Wegübung betreiben, ist unser eigentliches Bestreben nicht auf gewaltsamen Kampf und äußeren Sieg gerichtet, sondern darauf, mit Hilfe der Kampfkunst Bewusstsein, Unbewusstes, Geist und Körper in die genannte ununterschiedene Einheit zu führen. Die Karateübung dient uns auf dem Weg dahin als Exerzitium, das uns befähigen soll, diese Einheit in jeder Lage und Situation zu wahren.

(Albrecht, Dojokun)

Das wahre Ich ist das Ich, das vor der Teilung von Himmel und Erde, vor der Geburt von Vater und Mutter da ist. Dieses Ich ist in mir dasselbe wie in den Vögeln und Tieren, den Gräsern und Bäumen und allen Phänomenen. Es ist eben das, was man Buddha-Natur nennt.

Dieses Ich hat nicht Gestalt noch Form. Es ist kein Ich, das mit den Augen gesehen werden kann. Nur wer Erleuchtung empfangen hat, kann es sehen. Und wer es sieht, von dem sagt man, er habe sein eigenes Wesen geschaut und sei ein Buddha geworden.

(Zenmeister Takuan, 1573 – 1645)

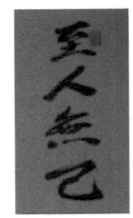

Der wahre Mensch ist ohne Rang.

(Lin Chi / Rinzai)

Das Vorzügliche liegt irgendwo zwischen dem Wirklichen und Unwirklichen.

(Nakayama)

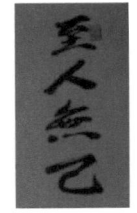

Leben ist keine feste Sache, keine Substanz, sondern jede Handlung unseres täglichen Lebens. Es besteht einzig darin, unser Handeln stets neu und lebendig zu gestalten. So ist es ein großer Irrtum zu fragen „Was ist der Sinn des Lebens" im Hinblick auf eine besondere fixe Sache.

(Uchiyama Roshi)

Dokan

(Der Weg ist ein Kreis)

6. Charakter- und Herzensbildung

Technische Fähigkeiten und Gewandtheit verblassen schnell angesichts der Bedeutung, die dem Verfeinern von Herz, Geist und Charakter zukommt, das doch die Qualität des eigenen Lebens bestimmt.

(Funakoshi)

Karate ist ein Weg zu leben. Als solches bildet es einen Charakter, der ein vollkommen anderer ist, als der, der im Sportkarate entsteht. Karate übt man weder zum Spaß noch um einen Preis.

(Kentsu Yabu, okinawan. Karatelehrer)

Leute, die Karate erlernen, um besser zu-
schlagen zu können, wissen nichts vom
Karate-Do. Sie schädigen den Ruf des
Karate-Do und sollten das Training
besser aufgeben...Es könnte bedeuten,
dass überhebliche und eingebildete Leute
ungeeignet sind, Karate auszuführen.

(Funakoshi)

Wenn dir jemand die Meinung sagt, solltest du ihm dafür dankbar sein, auch wenn es dir nicht weiterhilft. Reagierst du gereizt, wird er dir nie wieder sagen, welche Fehler ihm an dir aufgefallen sind. Achte darauf, Kritik freundlich zu üben und freundlich entgegenzunehmen.

(Hagakure, das Buch des Samurai)

Meister Kyong Ho riet seinen Schülern: „Schließt Freundschaften, aber erwartet keinen Nutzen davon. Ichbezogene Freundschaft ist dem Vertrauen im Wege. Haltet euch an das alte Sprichwort: Für dauerhafte Freundschaft habe Reinheit des Herzens!"

(Weisheit des Zen)

Zen-Buddhisten haben eine verinnerlichte Abneigung gegen die Unredlichkeit des Übertreibens, ..., dass man mehr ausdrückt als man fühlt und daher weniger meint, als man sagt.

(Herrigel, Zenweg)

Sei dir selbst treu. Wenn du in deinem Herzen nicht von der Wahrheit abweichst, werden dich die Götter auch ohne Gebet schützen.

(japan. Dichter Michizane in: Bushido)

Verdamme andere nicht, sondern trachte danach, deine eigenen Unzulänglichkeiten zu verbessern.

(Saigo Takamori, in: Bushido)

Die Jahre der Eltern darf man nie vergessen: erstens um sich daran zu erfreuen, zweitens um sich darüber zu sorgen.

(Konfuzius)

*Weder Lob noch Tadel bringen den Weisen
aus dem Gleichgewicht.*

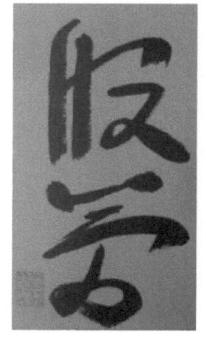

Hannya

(Weisheit)

7. Lebensklugheit und innerer Friede

Meister Ikkyu riet, vor dem Studium buddhistischer Texte und endlosem Rezitieren die Liebesbriefe lesen zu lernen, die ihm Schnee, Wind und Regen schicken.

(Weisheit des Zen)

Wer in seinen Worten nicht maßvoll ist, von dem ist kaum zu erwarten, dass er so handelt, wie er spricht.

Der edle Mensch ist bescheiden in seinen Worten und ist aufrichtig in seinem Verhalten.

(Konfuzius)

Worte haben die Kraft zu zerstören oder zu heilen. Wenn Worte wahr und zugleich gütig sind, können sie unsere Welt verändern.

(Shakyamuni Gautama - Buddha)

Wie schwer ist es, binnen eines Jahres einen echten Freund zu gewinnen. Wie leicht ist es aber, ihn binnen einer Sekunde vor den Kopf zu stoßen.

Die Dinge sind, wie sie sind, und nicht, wie wir sie gerne hätten. Dies zu begreifen und zu akzeptieren, ist der Schlüssel zum Glück.

(Dalai Lama)

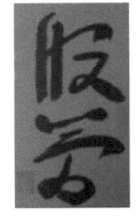

Sei glücklich auch ohne Grund und mache das Beste aus dem, was Du hast.

(Bubishi – Gesetze der Weisheit)

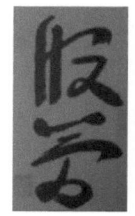

Den Wert des Menschen kann man nur an seiner Würde und seiner Moral messen. Wenn es diese nicht gäbe, wären wir nicht besser als die Tiere.

(Schwertmeister Sekiun Hariya 1592-1662)

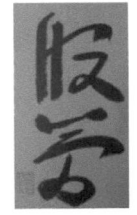

Man sollte sich nie so geben, als wäre man in eine Kunst oder Wissenschaft tief eingedrungen. Gerade dann, wenn man etwas wirklich versteht, sollte man wortkarg sein, und man sollte schweigen, solange man nicht gefragt wird

(Yoshida Kenko, japan. Dichter, 16.Jhdt.)

Zeige Klarheit. Lebe Schlichtheit.
Vermindere Selbstsucht. Wünsche wenig!

(Lao-tse)

Wer lächelt statt zu toben, ist immer der Stärkere.

(japanisches Sprichwort)

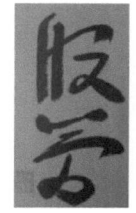

Meister Kyong Ho riet seinen Schülern:

„Schließt Freundschaften, aber erwartet keinen Nutzen davon. Ichbezogene Freundschaft ist dem Vertrauen im Wege. Haltet euch an das alte Sprichwort: Für dauerhafte Freundschaft habe Reinheit des Herzens!"

(Weisheit des Zen)

Wenn ich einen grünen Zweig im Herzen
trage, wird sich ein Singvogel darauf
niederlassen.

(chinesisches Sprichwort)

**8. Kurzgeschichten aus der Budo-
und Zen-Tradition**

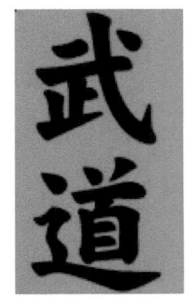

Budo

(Weg des Ritters, der Pflicht)

Die Zen-Unterweisung

Ein Mönch fragte seinen Meister: „Ich bin schon so lange Euer Schüler, aber Ihr habt mich noch nicht im Pfad Buddhas unterwiesen. Bitte lehrt mich." Der Meister antwortete: „Wie meinst Du das? Jeden Morgen grüßt Du mich und ich verbeuge mich ebenfalls. Wenn Du mir Tee bringst, bedanke ich mich und trinke ihn. Was möchtest Du denn sonst noch an Unterweisung von mir?"

Der Besuch des Meisters

Einst wurde Zen-Meister Keichu von seinem Aufwärter eine Visitenkarte gebracht, auf der stand: „Kitagaki, Präfekt von Kyoto". „Ich will ihn nicht sehen!" schrie der Meister und so erhielt der vornehme Besucher seine Karte zurück. Dieser erkannte seinen Irrtum sogleich, nahm einen Stift und strich ‚Präfekt von Kyoto‘ aus. Dann bat er den Aufwärter, die Karte noch einmal zu präsentieren Darauf sagte der Meister: „Ah, es ist Kitagaki – nur herein mit ihm."

(in: Die Weisheit des Zen)

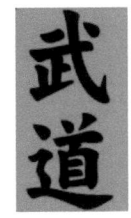

Der ehrgeizige Schüler

Ein Junge reiste einst quer durch ganz Japan, um die Schule eines berühmten Kampfkünstlers zu besuchen. Als er zum Dojo kam, erhielt er eine Audienz beim Sensei. „Was wünschst Du" fragte der Meister. „Ich möchte Ihr Schüler und der beste Karateka im ganzen Land werden", antwortete der Junge. „Wie lange muss ich trainieren?" Mindestens zehn Jahre", sagte der Meister. „Zehn Jahre sind eine lange Zeit", sagte der Junge. „Was ist, wenn ich doppelt so hart arbeite wie alle anderen Schüler?" „Zwanzig Jahre", entgegnete der Meister. „Zwanzig Jahre! Und wenn ich Tag und Nacht mit all meiner Kraft übe?" „Dreißig Jahre", war die Antwort des Meisters.

„Wie kommt es, dass es umso länger dauert, je mehr ich mich anstrenge?", fragte der Junge.

„Die Antwort liegt auf der Hand. Wenn ein Auge auf das Ziel gerichtet ist, bleibt nur das andere, um den Weg zu finden."

(in: Der Weg der leeren Hand)

Ikkyus Grundregel

Eines Tages sagte ein Mann aus dem Volk zu Zen-Meister Ikkyu: „Meister, wollt ihr mir bitte einige Grundregeln der höchsten Weisheit aufschreiben?" Ikkyu griff zum Pinsel und schrieb: „Aufmerksamkeit." „Ist das alles" fragte der Mann, „ wollt ihr nicht noch etwas hinzufügen?" Ikkyu schrieb darauf „Aufmerksamkeit! Aufmerksamkeit!"

„Nun", meinte der Mann, „ich sehe wirklich nicht viel Geistreiches in dem, was ihr aufgeschrieben habt."

Darauf schrieb Ikkyu dreimal: „Aufmerksamkeit. Aufmerksamkeit. Aufmerksamkeit!"

Halb verärgert wollte der Mann wissen:
„Was bedeutet Aufmerksamkeit
überhaupt?"

Ikkyu antwortete sanft:
„Aufmerksamkeit bedeutet
Aufmerksamkeit."

(Gyo-Ju-Za-Ga, Lexikon .d. östl.
Weisheitslehren)

Die volle Teeschale

Einst besuchte ein junger Mann, der stolz auf sein gelehrtes Wissen war, Zen-Meister Nanin. Er wurde in das Zimmer des Meisters geführt. Als er sich niedergesetzt hatte, wurde ihm, wie dies der Brauch ist, von einem Mönch Tee gebracht. Nanin belehrte den Mönch, noch mehr Tee in die Schale zu gießen. Dieser tat wie ihm geheißen war. Als er anhalten wollte, bestand der Meister darauf: „Mehr! Mehr!" Die Schale war jetzt bis zum Rand gefüllt, und der Mönch konnte keinen Tee mehr hineingießen. Dennoch verlangte der Meister voller Strenge: „Mehr! Mehr!"

Der junge Gast konnte sich nicht länger zurückhalten und sagte: „Die Schale läuft über, Meister!" Dieser antwortete voll Ruhe: „Wenn man etwas vom Anderen lernen will, muss man sich zuerst leer machen. Sonst gibt es keinen Raum, in den die Unterweisung hineingehen kann. Du solltest jetzt besser heimgehen."

Der junge Mann schämte sich bei diesen Worten und begann nun ernsthaft nach der Wahrheit zu suchen.

(in: Weisheit des Zen)

Der Kampfhahn:

Tsch Hsing-tse richtete für König Husan Kampfhähne ab. Als er einen besonders guten Hahn ausbildete, fragte der König immer wieder: "Wann liefert er den ersten Kampf?" – „Noch nicht" war die Antwort, „er hat Feuer und brennt darauf, den Feind zu rupfen. Er ist eitel und vertraut der eigenen Stärke." Nach zehn Tagen musste der König hören: „Noch nicht. Immer noch sträubt er sein Gefieder und aus seinen Augen sprüht die helle Wut."

Nach zehn weiteren Tagen erfuhr dann der König: „Jetzt ist er bald soweit. Wenn ein anderer Hahn kräht, bleibt sein Auge ruhig. Er ist unbeweglich wie aus Holz. Er ist ein reifer Kämpfer.

Schon bei seinem Anblick suchen die anderen Hähne schleunigst das Weite."

(aus: Merton, Sinfonie für einen Singvogel)

Die drei Söhne des Schwertmeisters Bokuden:

Der große Schwertmeister Bokuden erhielt einst Besuch von einem anderen Schwertmeister, dem er seine drei Söhne vorstellen wollte. Um zu zeigen, welches Niveau sie bereits erworben hatten, dachte er sich eine List aus: Auf die Oberkante der Tür stellte er eine Vase, und zwar so, dass sie dem, der das Zimmer betrat, auf den Kopf fallen musste.

Er rief zuerst seinen ältesten Sohn. Vorsichtig öffnete er die Tür, nahm die Vase vor dem Eintreten herunter, setzte sie darauf wieder auf die genannte Stelle und begrüßte die beiden Meister. „Das ist mein ältester Sohn", sagte

Bokuden, „er hat bereits beachtliche Fortschritte auf dem Weg zur Meisterschaft gemacht."

Dann wurde der zweite Sohn gerufen. Als er die Tür öffnete, konnte er mit dem Kopf der Vase knapp ausweichen und sie gerade noch in der Luft auffangen. „Das ist mein zweiter Sohn", meinte Bokuden, „er hat noch einen langen Weg vor sich."

Als der dritte Sohn gerufen wurde, trat dieser rasch ein und erhielt einen schweren Schlag von der Vase in den Nacken. Doch bevor die Vase den Boden berühren konnte, hatte er sein Schwert gezogen und das Gefäß in der Luft entzwei geschlagen. „Und das hier", kommentierte Bokuden, „ist mein jüngster Sohn. Er ist ein wenig das schwarze Schaf der Familie. Aber er ist ja noch jung."

(in: Fauliot, Die Kunst zu siegen, ohne zu kämpfen)

ANHANG

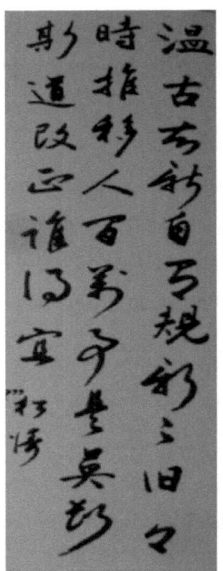

Nach Altem forschen heißt, das Neue zu verstehen. Dies ist eine Sache der Zeit. Bewahre in allem klares Denken. Der Weg, wer vermag ihn geradlinig und treu weiterzuführen?

(Gedicht und Kalligraphie v. Funakoshi)

Quellen- und Literaturnachweis:

Albrecht, F. Andreas: Dojokun – die Ethik des Karate-do, Lauda 2004, Schlatt

Brockers, Wolfgang: Do – vom Geist des Zen im Karate, Landau 1993

Brockers, Wolfgang: Kara – Zen, Philosophie und Karate-Do, Lüneburg 1998

Brockers, Wolfgang: Karate im Wandel, Norderstedt 2012

Bünker, Öser D.: Die Güte des Meisters wiegt mehr als ein Berg, Freiburg 1998

Fauliot, Pascal: Die Kunst zu siegen ohne zu kämpfen, Kreuzlingen/München 2001

Freke, Timothy: Weisheit des Zen, London 1998

Funakoshi Gichin: Karate-do, München 2007

Herrigel, Eugen: Zen in der Kunst des Bogenschießens, Bern 1987

Hyams, Joe: Der Weg der leeren Hand, Darmstadt 2005

Inazo, Nitobe: Bushido, Hamburg 2011 Nikol

Lind, Werner: Budo, Bern 1995

Lind, Werner: Ostasiatische Kampfkünste, Berlin 1998

Kanazawa, Hirokazu: Kanazawa – Im Zeichen des Tigers, 2015 Distelhausen

Möller, Jörg: Geschichte der Kampfkünste, Lüneburg 1996

Nakayama, Masatoshi: Karate-Do, Sprendlingen 1972

Nitobe, Inazo, Bushido, Hamburg 2011

Paul, Gregor: Konfuzius, Freiburg 2001

Protin, Andre: Aikido, München 1994

Saldern, Matthias von: Bushido – Ethik des japanischen Ritters, Landau 1992

Saldern, Matthias von (Hrsg): Budo in heutiger Zeit, Lüneburg 1998

Schlatt: Enzyklopädie des Shotokan-Karate, Lauda 1999

Suzuki, Daisetz T.: Zen und die Kultur Japans, Bern 1994

Uchiyama, Koshi: Zen für Küche und Leben, Braunschweig 1991

Webster-Doyle, Terrence: Karate – die Kunst des leeren Selbst, Heidelberg 1992

Wilson, William Scott (Hrsg.): Meister Takuan – Zen in der Kunst des kampflosen Kampfes, München 1986

Zum Verfasser

Wolfgang Brockers, geb. 1950, studierte Geschichte, Philosophie und Sport in Neuß und Wuppertal. Von 1980 bis 2014 unterrichtete er an einem Mönchengladbacher Gymnasium. 51 Jahre lang betrieb er intensiv Karate, wurde schon 1969 von Meister Kanazawa zum 1. Dan graduiert. Seit den 1990er Jahren befasste er sich verstärkt mit den geistigen Hintergründen des Karate-Do. Den Ertrag seiner Studien ließ er in verschiedene Veröffentlichungen einfließen. Bisherige Veröffentlichungen:

1. Karate methodisch lehren und lernen, Mönchengladbach 1983, (Eigenverlag)
2. Do – vom Geist des Zen im Karate, Landau 1993
3. Kara – Zen, Philosophie und Karate-Do, Lüneburg 1998
4. Tobi-Ishi – Trittsteine eines Karateweges, Lüneburg 2007
5. Karate im Wandel, Norderstedt 2012, BoD
6. Karate-Essays, Norderstedt 2014, BoD
7. Mönchengladbachs historische Momente, Norderstedt 2016, BoD
8. Die Kulturrevolution der Beatles, Norderstedt 2019, BoD